什么是毛泽东思想

主　　编　闫　玉

副 主 编　孔德生　王雪军

本册作者　杨郁松

中华工商联合出版社

图书在版编目（CIP）数据

什么是毛泽东思想 / 杨郁松编著. --北京：中华
工商联合出版社，2014.3
ISBN 978-7-80249-972-0

Ⅰ. ①什… Ⅱ. ①杨… Ⅲ. ①毛泽东思想－青年读物
②毛泽东思想－少年读物 Ⅳ. ①A84-49

中国版本图书馆 CIP 数据核字（2014）第 034660 号

什么是毛泽东思想

作　者：杨郁松
出品人：徐　潜
策划编辑：魏鸿鸣
责任编辑：林　立
封面设计：徐　超
责任审读：李　征
责任印制：迈致红
出版发行：中华工商联合出版社有限责任公司
印　刷：固安县云鼎印刷有限公司
版　次：2014 年 4 月第 1 版
印　次：2021 年 10 月第 2 次印刷
开　本：155mm×220mm　1/16
字　数：77 千字
印　张：10
书　号：ISBN 978-7-80249-972-0
定　价：38.00 元

服务热线：010－58301130
销售热线：010－58302813
地址邮编：北京市西城区西环广场 A 座
　　　　　19－20 层，100044
http://www.chgslcbs.cn
E-mail：cicap1202@sina.com（营销中心）
E-mail：gslzbs@sina.com（总编室）

工商联版图书
版权所有　侵权必究

凡本社图书出现印装质量
问题，请与印务部联系。
联系电话：010－58302915

目 录 *Contents*

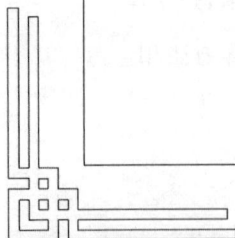

一、毛泽东思想的发展历程

（一）湖湘文化与毛泽东早期理想的形成

俗话说，"两湖熟，天下足"，古称清淇之地、芙蓉之国的湖南，一直以来都是我国最重要的农业地区。毛泽东于 1893 年 12 月 26 日，诞生于湖南省湘潭县韶山冲上屋场的一个农民家庭。湘潭地处洞庭湖区的湘江之滨，这里山清水秀，土地富饶，是湖南省最典型的耕作农业区。韶山地处湘潭与湘乡的交界。这里重峦叠嶂，气势磅礴，在群山环抱之中，有一条南北蜿蜒起伏的狭长谷

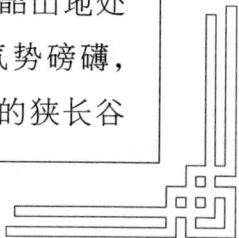

地，长约 5 公里，宽约 3.5 公里。这条谷地就叫韶山冲。

在洞庭湖流域和湘江流域地区，一方面由于南有南岭、东有罗霄山脉、西有雪峰山脉、北有长江的阻隔，相对较为独立；另一方面由于靠江、靠湖，得天独厚的自然条件促进了地方区域经济、文化等的发展，因此逐渐形成了自己独特的文化。后人取洞庭湖的"湖"字，湘江的"湘"字，将这一地区形成的独特文化称为"湖湘文化"。毛泽东生长在湖南，童年和青少年时期一直受到源远流长的湖湘文化的熏陶。

1. 湖湘文化的历史沿革

湖湘文化包含着狭义和广义两个方面的内容。"狭义"的湖湘文化，是指南宋时期胡宏、张栻和湖湘弟子所形成的流派——湖湘学派的学术思想，它对后世产生了深远影响。如果再从文化层次来划分，"狭义"的湖湘文化是指"雅文化"，即经过知识分子再加工的精英文化。"广义"的湖湘文化则包含湖湘的"雅文化"和"俗文化"，即广泛存在于湖南各族人民中具有地域特色的民俗、民风、社会心理、社会意识、科学文化等的总和。千百年来，湖湘文化哺育造就了一代代优秀的湖湘子弟。

湖湘文化，远可以上溯到春秋战国时期的楚文化，但随着中国政治局面的统一，作为地方文化的楚文化逐渐衰落，其中的一些思想却在湖湘大地得到了传承，如屈原忧国忧民的情怀等，所以说楚文化是湖湘文化的来源之一。千年以来，湖湘文化不断积淀，逐渐形成了独具特色的地域性文化形态。像西汉的贾谊、唐朝的柳宗元、北宋的范仲淹等历史名人都对湖湘文化的形成和发展起到了一定的推动作用。北宋末南宋初年，胡安国、胡宏父子因金兵南下侵宋而避乱于湖南，后又讲学南岳，开创了湖湘学派，自此，湖湘学派成为湖湘文化的集中体现和代表，为后来湖湘文化的繁荣发展奠定了基础。之后，胡宏的弟子张栻对湖湘文化广为传播，使其名噪一时。到了明末清初，湖湘文化又迎来了一个学术发展的高峰期，大思想家王夫之创立了一个"以唯物主义为基石，以辩证分析为思想方法，以民主启蒙为重要特征，以民族至上为核心内容的空前的博大精深的思想体系"，成为湖湘文化的集人成者。

历史进入近代后，戊戌维新时期，湖南涌现了以谭嗣同、唐才常为代表的一大批维新运动激进思想家、宣传家和活动家。维新运动的代表人

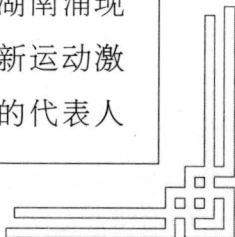

物梁启超等也来到湖南。

到辛亥革命这一年，几乎在海内外到处都可以看到湖南革命者的踪影。毛泽东说："黄（兴）、蔡（锷）邦之模范。"黄兴等人在广州孤军作战，血染襟袍；蒋翊武、刘复基等在武汉运筹帷幄，首举义旗；武昌起义时，焦达峰和陈作新等在湖南率先响应发难；袁世凯复辟帝制时，又是蔡锷"起护国军，提饥卒数千，转战沪溆间"。

毛泽东就是在这样的时代和环境中成长起来的，虽然他后来走出湖南，选择了马克思主义，成为伟大的无产阶级革命家。但他自幼所受到的湖湘文化的熏陶，在他一生的生活和革命活动中都留下了痕迹，并长久地保持着家乡的文化形式。他的语言一直带有浓厚的湘潭口音，他的饮食习惯还是以湘味为主，甚至他喝茶时，当一钵子茶喝完，只剩下茶叶时，便把杯子端起来，用两个指尖当筷子，把茶叶扒到嘴里，慢慢地咀嚼，缓缓地咽下去，他还保留湖南吃茶叶的习惯。毛泽东一生都保持了湖南人的生活习性和革命者艰苦朴素的生活作风。

一个人的人生观、世界观往往形成于青少年时期，那是人的思想、品行、信仰受外界影响和可塑性最强的时期。对人的人生观、世界观的影响除了家庭的因素之外，自身所受到的教育和所处的文化氛围是至关重要的。毛泽东出生的时代正值乱世，清朝统治摇摇欲坠，外国侵略，主权沦丧，生灵涂炭。许多爱国志士尽管有着不同的救国理想和路线，但都是怀着一颗爱国、爱民之心去拯救国家和社会。毛泽东从小就也认为应当担当起救国救民之重任，拯救人民于水深火热之中，并且写下了"孩儿立志出乡关，学不成名誓不还。埋骨何须桑梓地，人生无处不青山"的诗句用以明志。而毛泽东青少年时期所处在的湖湘文化氛围，也十分强调"心忧天下"、"经世致用"的思想。青年时期的毛泽东，其个人追求和时代潮流、文化氛围已经紧密地切合在一起了。可见，湖湘文化、湖湘人物对湖湘人才的成长所发挥的作用是积极而巨大的，同样也深深地影响了毛泽东早年的成长道路。

2. 杨昌济对毛泽东的培养与影响

杨昌济（1871～1920年），字华生，又名怀中，长沙板仓人。他是中国近代著名学者和教育家。后来毛泽东对斯诺回忆说：当时"给我印象最深的教员是杨昌济，他是从英国回来的留学生，后来我同他的生活有密切的关系，他教授伦理学，

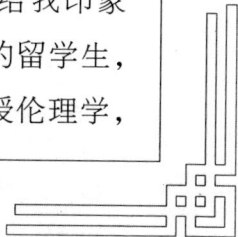

是一个唯心主义者，一个道德高尚的人。他对自己的伦理学有强烈的信仰，努力鼓励学生立志做有益于社会的正大光明的人"。可见杨昌济对毛泽东青年时代有过重大影响。

1913年春，毛泽东考入湖南省立第四师范预科班，开始在杨昌济的教导下进行学习。杨昌济对毛泽东早年思想的影响，首先体现在重视湖湘文化传统的传授，特别是对王船山思想的传授，启迪毛泽东思考人生中的"大本大源"等问题。毛泽东的《讲堂录》对杨昌济讲授湖湘人物、湖湘文化特别是船山思想内容的记录非常之多。正是在杨昌济的影响下，毛泽东对谭嗣同、王船山的著作产生很大的兴趣，开始加以深刻研究的。

杨昌济对毛泽东早年思想的影响，还体现在重视以湖湘文化传统中的经世求实学风，特别是曾国藩关于"立德"、"立言"、"立功"的为学、为人、处世之道，培养和训练毛泽东等学生的博学、深思、力行缜密的领导才能与办事风格。

第三，杨昌济还经常带领学生去船山学社听讲船山思想等学术实践活动，认为青年肯往听讲，必有益也。通过在船山学社的听讲，更加激发了毛泽东追求学问的兴趣，他常对人说："'学问'二字连起来成一个名词是很有意义的，我们不但要好学，而且要好问。"可见，毛泽东从杨昌济那里最大的获益，在于理想、志向和抱负的初步确立。

除了思想学业上的刻意培养，杨昌济非常重视在日常生活中培养和锻炼毛泽东的意志品质。杨昌济一贯主张德智体"三育并举"，他长期坚持静坐、冷水浴、长途步行等体育锻炼方法。他也把这些方法传授给学生，要求他们以此来锻炼自己的意志品质，毛泽东则是冷水浴最坚决的仿行者。自从1915年暑期开始，毛泽东完全按照杨昌济教授的方法，天天坚持冷水浴，习惯一直保持了许多年。

杨昌济也对毛泽东的人生事业与前途表达了非常的关切。1918年，北京大学校长蔡元培聘请杨昌济到北京大学出任伦理学教授。杨昌济赴京时，毛泽东和同学们都到火车站送行。几个月后，毛泽东获得湖南第一师范学校毕业文凭，他给杨昌济写了一封信，请老师指路。很快杨昌济从北京来信，告诉学生们，法国政府又来中国招募工人，这正是赴法勤工俭学的好机会。8月中旬，毛泽东率领湖南新民学会的二十多名青年赴京。凭杨昌济尽力安排，这些年轻人才在北京大学找到三间房子安身。后来，杨昌济将毛泽东留在家

里，并介绍他到北京大学图书馆当助理员。

杨昌济还推荐毛泽东前去拜会了新文化运动的倡导者陈独秀以及知名人士胡适、蔡元培等。1919 年 3 月，在杨昌济和毛泽东等的共同操持下，新民学会中的第一批赴法勤工俭学的会员启程去法国。而毛泽东决定回湖南，去实践自己的"人生设计"。这年年底，杨昌济终因积劳成疾住进了医院。恰在这时，毛泽东率代表团为驱逐军阀张敬尧，第二次来到北京。杨昌济已病入膏肓，为了在自己故去以后，能有人对毛泽东加以提携，他强撑病体，给好朋友、北洋军政府教育部长章士钊写信，恳切举荐。在办完这件事后，杨昌济于 1920 年 1 月 17 日，怀揣着"强避桃源作太古、欲栽大木柱长天"的宏愿溘然长逝。毛泽东更是怀着崇敬与悲恸的心情为自己的导师尽心地料理了后事。

3. 马克思主义的传播与毛泽东早年理想人格的转变

如果说湖湘文化传统的熏陶、近代湖湘人物激励等湖湘文化因素，在毛泽东早年理想人格的形成中发挥了重要的影响作用，那么五四运动以来新文化思想的传播，特别是马克思主义在中国

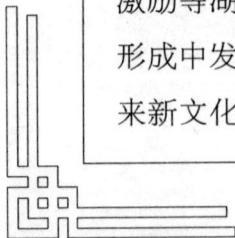

的传播等，对青年毛泽东的人格认知所发生的影响则更具有颠覆性。尽管在这种转变中并不是十分彻底，但是它所体现的理想追求、意志磨砺、智慧谋略等都实现了一次重大的飞跃，体现了毛泽东早年理想人格的自我超越，它使毛泽东早年理想人格迅速地由传统的圣贤理想人格向早期激进民主主义者，进而向马克思主义者转变。

1918 年，毛泽东在北京大学图书馆担任图书管理员期间，北京已成了新文化运动的中心，北京大学则成了新文化的发源地。由于蔡元培执行"循自由思想原则，取兼容并包主义"的办学方针，就使得各种思想、学术思潮在北京大学校园广为传播，从而形成了百家争鸣的局面。苏俄十月革命的胜利，经李大钊等人的宣传、介绍，已经引起了人们，尤其是青年学生的极大兴趣。在北京大学图书馆，已出现了各种宣传马克思主义与其他新思想的书籍、报刊。北京大学许多进步学生，都拥入图书馆来研读这些新书刊，从而满足自己求知和追求真理的需要。

到北京大学图书馆工作，这对立志寻求救国救民真理的毛泽东来说，的确是一次难得的学习机会。在北京大学，他如饥似渴地读着各种新书报，经常去旁听一些感兴趣的社会科学等方面的

课程，结交拜访了新文化运动的一些名流学者，还参加了北京大学的进步学生组织。1918 年冬，他参加了新闻学研究会，和《京报》主笔邵飘萍保持了密切联系，虚心地向邵飘萍请教有关新闻理论与办报实践中的各类问题。毛泽东读书、听课、参加活动，使得他的知识视野更为开阔，探求真知的心情也越来越迫切。

同时，使毛泽东感到收获最大的事情，就是得到了李大钊的思想指导与帮助。李大钊当时正在撰写歌颂俄国十月革命的文章，后来，他发表了《庶民的胜利》等著名演说。毛泽东聆听了李大钊的讲演。李大创在讲演中指出："1789 年的法国革命，是十九世纪中各国革命的先声。1917 年的俄国革命，是二十世纪中世纪革命的先声……须知今后的世界，变成劳工的世界。我们应该用此潮流为使一切人人变成工人的机会，不该用此潮流为使一切人人变成强盗的机会……我们要想在世界上当一个庶民，应该在世界上当一个工人。"听到这激动人心的演讲，毛泽东很受鼓舞，他似乎从中看到了未来中国的光明与希望。

尽管毛泽东当时对各种学说尚无定见，但在北京大学期间的生活，却大大地开扩了他的眼界，丰富了他的思路，在与各种社会思潮包括马克思主义思潮的初步接触中，加以比较和鉴别，从而增强了他为寻找适合中国国情的科学真理而不断求索的决心。

1919年3月，毛泽东从北京回湖南不久就爆发了五四运动，这一伟大的爱国运动很快就席卷全国。他抱着赤诚的爱国热情，投入了五四爱国运动的大潮之中，并在同年7月，担任湖南学生联合会新创办的刊物——《湘江评论》的主编，在短期内撰写发表了《民众的大联合》等30多篇文章。由于报刊工作与现实生活和群众斗争有着极为密切的联系，作为《湘江评论》的主编，毛泽东有机会广泛地接触和研究社会生活各个方面的问题，这对他接受马克思主义，实现其政治思想和世界观的转变，创造了一个很好的条件。

1919年12月，毛泽东第二次上北京，1920年3月，由北京途经上海返湖南，与共产主义先驱者李大钊、陈独秀等人有了更多的接触和交往。在北京，毛泽东参加了李大钊参与发起的少年中国学会，还与李大钊磋商了赴俄勤工俭学问题。在李大钊影响下，他更加重视对俄国十月社会主义革命经验和马克思列宁主义理论的了解和学习。毛泽东在这一期间，读到了马克思主义的书籍。他在延安与斯诺谈话时，回忆说："我第二次到北

京期间，读了许多关于俄国情况的书。我热心地搜集那时候能找到的为数不多的用中文写的共产主义书籍。有三本书特别深深地铭刻在我心中，建立起我对马克思主义的信仰。我一旦接受了马克思主义是对历史的正确解释以后，我对马克思主义的信仰就没有动摇过。这三本书是：《共产党宣言》，陈望道译，这是用中文出版的第一本马克思主义的书；《阶级斗争》，考茨基著；《社会主义史》，柯卡普著。"尽管毛泽东在中国先进知识分子中，接触到马克思主义理论不是最早的，当时读到的马克思主义书籍也不是最多的，然而他却能领会到马克思主义学说的精髓。正如他在给斯诺谈话中所谈到的，自读到这三本书之后，才知道人类有史以来，就是阶级斗争史，阶级斗争是社会发展的原动力，初步地得到认识问题的方法论。因此，他对马克思主义产生了坚定的信念。

　　1919年9月～1920年10月，在这一年多的时间里，毛泽东积极参加和组织了"驱张运动"和"湖南自治运动"，全力投入到社会斗争的实践活动中。之后湖南自治运动的失败，促使毛泽东和改良主义、空想社会主义彻底决裂，从而更坚定了他走俄国十月革命道路的决心，也更坚定了他对马克思主义的思想信仰。他在给蔡和森的信中说，"俄式革命"的道路，确实为"诸路皆走不通了新发明的"，是中国革命走向成功的唯一的一条路。可见，此时的毛泽东，在思想上已完全接受马克思主义。

毛泽东和何叔衡还利用1921年元旦假日，在长沙召开了一次新民学会会员大会，讨论了改造中国与世界的目的和方法等问题。在这次会上，毛泽东作了总结性发言，他指出："社会民主主义，借议会为改造工具，但事实上议会的立法总是保护有产阶级的。无政府主义否认权力，这种主义，恐怕永世都做不到。温和方法的共产主义，如罗素所主张极端自由，放任资本家，亦是永世做不到的。急烈方法的共产主义，即所谓劳农主义，用阶级专政的方法，是可以预计效果的，故最宜采用。"在毛泽东的领导和影响下，许多会员抛弃了原来的空想社会主义、无政府主义倾向，转而信仰马克思主义。他们中的不少人认识到，只有社会主义，只有走俄国十月革命的道路，才能救中国。

这些言论和行动，表明了毛泽东已完成了世界观的转变，已成为一个真正的马克思主义者。毛泽东后来回忆说："到了1920年夏天，我已经在理论上和在某种程度的行动上，成为一个马克

思主义者，而且从此我也自认为是一个马克思主义者了。"

（二）大革命与毛泽东思想的萌芽

在共产国际的具体指导和帮助下，1921 年 7 月 23 日，中国共产党第一次全国代表大会在上海召开，最后一天转移到浙江嘉兴南湖举行。参加会议的各地代表是：李达、李汉俊、张国焘、刘仁静、毛泽东、何叔衡、董必武、陈潭秋、王尽美、邓恩铭、陈公博、周佛海。包惠僧受在广州的陈独秀派遣，也参加了会议。他们代表着全国五十多名党员。党的一大正式宣告了中国共产党的成立。从此，在古老的中国大地上出现了完全新式的以马克思主义为行动指南的、唯一的中国工人阶级的政党。

1923 年 6 月，中国共产党在广州召开第三次全国代表大会。大会正确地估计了孙中山和国民党的革命立场，决定共产党员以个人身份加入国民党，实现国共合作。三大还明确规定，在共产党员加入国民党时，党必须在政治上、思想上、组织上保持自己的独立性。

1924 年 1 月，国民党第一次全国代表大会由孙中山主持在广州举行。大会通过的宣言对孙中山的三民主义作出了新的解释。民族主义突出反帝内容；民权主义强调了民主权利应为"一般平民所共有"；民生主义则以"平均地权"、"节制资本"为两大原则。这个新三民主义的政纲同中国共产党在民主革命阶段的纲领是基本一致的，因而成为第一次国共合作的政治基础。国民党一大在事实上确立了联俄、联共、扶助农工的三大革命政策。虽然国民党内部情况相当复杂，但它已开始成为工人、农民、城市小资产阶级和民族资产阶级的民主革命联盟。国民党一大的成功，标志着第一次国共合作正式形成。它增强了革命力量，推动了全国人民和国民党内的先进分子反对帝国主义、封建军阀的革命斗争，加速了中国革命的进程，成为革命高潮的起点。这次合作实现后，以广州为中心，汇集全国的革命力量，很快开创出反帝反封建的革命新局面。

从 1921 年 7 月中国共产党成立至 1927 年大革命的失败，是中国共产党的幼年时期，也是毛泽东思想的萌芽时期。这一时期，以毛泽东为主要代表的中国共产党人，力求以马克思列宁主义

为指导来考察、分析中国社会，对中国革命所遇到的问题给予正确的回答。党制定了彻底的反帝反封建的民主革命纲领，提出了无产阶级在民主革命中的领导权问题和农民同盟军问题，阐明了中国革命的对象、动力和前途等问题；明确指出无产阶级是中国革命的领导力量，初步形成了新民主主义革命的基本思想。这一思想的提出是马克思列宁主义普遍原理和中国革命具体实践相结合的最初尝试，标志着毛泽东思想的萌芽。毛泽东的《中国社会各阶级的分析》、《湖南农民运动考察报告》等是毛泽东思想萌芽的代表性著作。

1. 毛泽东对中国阶级状况的科学分析

1924 年 12 月～1925 年 9 月，毛泽东回家乡养病。本来这次故乡之行，他准备好好静下心来，认真研究研究问题，因此，他带了一百多斤的书籍回到韶山。让他没有想到的是，在韶山期间，这些书籍他几乎没有时间阅读。在短短 10 个月的时间里，毛泽东组织成立了中共韶山党支部以及秘密农民协会二十多个，领导农民群众减租减税与当地的土豪劣绅针锋相对，使这偏僻山村，顷刻间沸腾起来。

其实，毛泽东当年在韶山发动和组织农民的

工作，十分艰苦。对此，随毛泽东回韶山的贺尔康在日记曾有多处记载。如 7 月 12 日，毛泽东在汤家祠主持开会，从白天到夜晚一连开了几个会，至深夜一时一刻，"润之忽要动身回家去歇。他说，因他的神经衰弱，今日又说话太多了，到此定会睡不着。月亮也出了丈多高，三人就动身走，走了两三里路时，在半途中就都越走越走不动，疲倦的很了，后就到汤家湾歇了"。

虽然辛苦，不过这段经历更让毛泽东难忘，他看到了一股对中国革命来说，更直接、更现实、更有前途的力量——农民。因此，毛泽东在离开韶山时，将夫人杨开慧留了下来，吩咐她进一步收集农民运动的材料。与毛泽东夫妇关系十分密切的张琼同志回忆说，"同年 10 月，开慧姐根据毛泽东指示，带着整理好的许多关于农民运动的材料来到广州，毛泽东审阅这些材料后，就将《中国社会各阶级的分析》等两文（另一篇文章是《中国农民中各阶级的分析及其对于革命的态度》）在广州定稿"。

在《中国社会各阶级的分析》是毛泽东根据中国共产党领导群众斗争的经验，特别是"五卅运动"以来反帝爱国运动中各阶级的表现写的，主要是从理论上解决革命的领导权及革命的策略

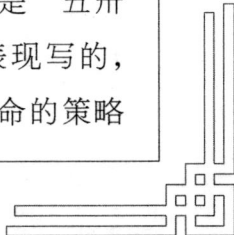

问题。

分清敌友，是革命的首要问题。毛泽东在书中说："谁是我们的敌人？谁是我们的朋友？这个问题是革命的首要问题。中国过去一切革命斗争成效甚少，其基本原因就是因为不能团结真正的朋友，以攻击真正的敌人。"

接着，他以马克思主义的阶级分析作为基本指导线索，严格依据人们在生产关系中的不同地位，将当时中国社会各阶级主要划分为地主阶级和买办阶级、中产阶级、小资产阶级、半无产阶级、无产阶级五种。这五种阶级，由于他们各具不同的社会经济地位，决定了他们对革命采取种种不同的态度。

毛泽东以大量的篇幅分析中国社会各阶级的经济地位和政治态度之后，得出了如下结论："一切勾结帝国主义的军阀、官僚、买办阶级、大地主阶级以及附属于他们的一部分反动知识界，是我们的敌人。工业无产阶级是我们革命的领导力量。一切半无产阶级、小资产阶级，是我们最接近的朋友。那动摇不定的中产阶级，其右翼可能是我们的敌人，其左翼可能是我们的朋友——但我们要时时提防他们，不要让他们扰乱了我们的阵线。"

2. 毛泽东关于农民问题的理论

毛泽东在《中国社会各阶级的分析》中，对农民的经济地位分析得极为精细，充分肯定了农民的同盟军的地位和作用。到国民党二大召开时，毛泽东将他对农民问题的认识写进了他参与修改的《农民运动决议案》。该决议案指出："中国之国民革命，质言之即为农民革命。为要巩固国民革命之基础，亦唯有首在解放农民。"

1926年3月26日，国民党中央常委第十三次会议批准毛泽东出任第六届农民运动讲习所所长。创办农民运动讲习所，是国民党一大后，由农业部秘书、共产党员澎湃首先提出，经中央执委会第三十九次会议讨论通过的。1924年7月招收了第一届学员，到1925年年底，农民运动讲习所共办了5届，毕业学员454人。接办农民运动讲习所的目的，就是为了进一步解放农民，将农民中蕴涵着的巨大能量释放出来。

广州农民运动讲习所设在番禺学宫，这是毛泽东亲自选定的所址。这所学宫是由一座大成殿和前后两座配殿组成，进学宫的大门，过一座别致的小桥后，就是一条贯穿三殿的砖甬道，砖甬道的旁边有东西厢房，厢房的周围遍植桂树和木

棉树，环境很是幽静。

第六届农民运动讲习所是 5 月 3 日开学的。这一届讲习所盛况空前，来自全国 20 个省的 327 名代表汇集到这里，接受有关农民运动理论和方法的教育和启迪。毛泽东亲自讲授《中国农民问题》、《农村教育》和《地理》。

这个时候正是广州最热的几个月．在屋里上课十分闷热，大家就坐到大成殿前的草坪上听课，在大成殿前面摆上一张桌子，一套粗瓷茶壶茶碗，毛泽东就站在台阶上讲课。他那时很清瘦，身材高高的，留着中分头，经常穿着一身竹布大褂和布鞋。他讲课慢慢的，一句一句，声音并不高，但即使坐在最后边也能听得一清二楚。他讲得深入浅出、通俗易懂，特别能引导同志们联系实际。

第六届农讲所为时 13 个星期。到 9 月 11 日，学员们毕业了。就在学员们毕业后不久，中国农村形势发生了连中共党内许多同志都感到震惊的大变动。

从 1926 年夏到 1927 年春，农民运动迅速席卷了中国的中部、南部和北部地区，仅湖南省，到 1927 年 1 月，农民协会会员就激增到 200 万，能直接领导的群众达 1000 万。摧枯拉朽的农民革命立刻在城市中引起了大哗，不仅遇到了国民党内部中、右派人士的反对，在中共党内也产生了争论。

1926年12月，毛泽东来到了已经是革命中心的武汉，出席中共中央在汉口召开的特别会议。在这次会议上，陈独秀错误地认为，民众运动的兴起是造成国民革命联合阵线破裂的主要原因，声称要防止民众运动"向左"转。

会议根据陈独秀报告的精神，明确提出限制工农运动的发展、反对"耕地农有"等策略。陈独秀甚至专门找到湖南省委书记李维汉，要他一定要制止农民的"过火"行为。在汉口特别会议上，毛泽东对此没有做更多的解释，尽管陈独秀曾深深地影响了他，但是毛泽东觉得他与党内这位总书记的认识差距在拉大，谁是谁非，在几天的会议上是很难说得清的。会议结束后，毛泽东立刻去了湖南，他需要亲眼看看他家乡的农民运动到底怎么样了？

毛泽东这次考察农民运动历时32天，行程700公里。他每到一处，都认真听取共产党地方委员会，国民党县、区党部、工会，农协、妇女、青年、商会等群众团体的汇报，邀集有代表性的农民及农民运动同志开调查会，还找懂得"三教九流"的下层人士、县衙门的小职员、开明绅士

等交谈。考察的结果让毛泽东激动不已，回到武汉后，他便埋头撰写《湖南农民运动考察报告》。这篇文章在 1927 年 2 月下旬完稿。湖南区委机关刊物《战士》周刊，在 3 月 5 日至 4 月 3 日全文连载了毛泽东的《湖南农民运动考察报告》。

在这篇文章中毛泽东极其鲜明地指出："一切革命同志须知：国民革命需要一个大的农村变动。辛亥革命没有这个变动，所以失败了。现在有了这个变动，乃是革命完成的重要因素。一切革命同志都要拥护这个变动，否则他就站到反革命立场上去了。"在这篇文章中，毛泽东用大量的事实，否定了对农民运动的种种污蔑和诽谤，指出："很短的时间内，将有几万万农民从中国中部、南部和北部各省起来，其势如暴风骤雨，迅猛异常，无论什么大的力量都压抑不住。他们将冲决一切束缚他们的罗网，朝着解放的路上迅跑。一切帝国主义、军阀、贪官污吏、土豪劣绅，都将被他们葬入坟墓。一切革命的党派、革命的同志，都将在他们面前受他们的检验而决定弃取。"

3 月 12 日，《向导》周刊发表了部分章节。随后许多报刊相继转载。4 月，以《湖南农民革命（一）》为书名，出版了全文的单行本，由长江书店印发。

农民问题不仅在中国，就是在国际共产主义运动中，也是个没有解决好的问题。毛泽东的这篇报告，引起了共产国际的注意。1927 年 5 月 27 日和 6 月 12 日，共产国际执委会机关刊物《共产国际》先后用俄文和英文翻译发表了《湖南农民运动考察报告》。这是毛泽东第一篇被介绍到国外的文章。英文版的编者按说："在迄今为止的介绍中国农村状况的英文版刊物中，这篇报道最为清晰。"当时任共产国际执委会主席团委员的布哈林在执委会第八次扩大会全会上也说，"我想有些同志大概已经读过我们的一位鼓动员记述在湖南省内旅行的报告了"，这篇报告"文字精练，耐人寻味"。

在中国共产党创立和大革命时期，以毛泽东为主要代表的中国共产党人，已经开始运用马克思主义基本原理，对中国的社会性质及社会各阶级的状况，作了初步的分析。在此基础上，开始确定了中国新民主主义革命的性质，逐步明确了反帝反封建的革命任务，把帝国主义、封建主义作为革命的对象。在对中国资产阶级进行科学分析的基础上，把它区分为大资产阶级即买办官僚资产阶级和中产阶级即民族资产阶级两部分，前者是革命的敌人，后者是革命的朋友。又在对民

族资产阶级的两面性进行科学分析的基础上，初步确定了中国共产党在统一战线中对待民族资产阶级的理论和策略。与此同时，还对中国无产阶级进行了科学的分析，概括了它的特点和优点，评价了它的历史地位，初步提出了无产阶级领导权的思想。以毛泽东为主要代表的中国共产党人，在对农民运动进行深入考察的基础上，充分估计了广大农民在中国革命中的主力军作用，热情地支持了蓬勃兴起的农民反封建的斗争，初步体现了工农联盟的思想。这些可贵的思想，体现在中国共产党成立后的四次代表大会的决议和文献中，体现在当时中共的某些主要领导人的讲话和文章中，特别集中地体现在毛泽东的《中国社会各阶级的分析》、《湖南农民运动考察报告》等一系列论著中。这些文献和著作有力地说明，在中国共产党创立和大革命时期，已经初步提出了中国新民主主义的基本思想，它标志着毛泽东思想的发端，孕育着毛泽东思想的萌芽，在毛泽东思想发展史上具有重要的历史地位。

（三）中央苏区的反"左"斗争与
毛泽东思想的初步形成

土地革命战争的初期和中期，即从 1927 年的八七会议到 1935 年 1 月的遵义会议是毛泽东思想的初步形成时期。在这一时期，中国共产党人从国民革命失败的经验教训中，深刻认识到无产阶级领导权问题、农民问题和武装斗争问题的极端重要性，并在党的八七会议精神指导下，发动武装起义，进行土地革命，创建农村革命根据地，在实践中开辟中国民主革命的新道路。在这一时期，以毛泽东为主要代表的中国共产党人，敢于同党内盛行着的把马克思主义教条化，把共产国际决议和苏联经验神圣化的错误倾向作斗争，不仅提出了红色政权理论、"工农武装割据"思想，以及人民军队建设、党的建设、土地革命和农村革命根据地建设等理论，而且明确提出了党的思想路线问题，强调不唯书、不唯上，要靠中国同志了解中国情况，把马克思主义理论同中国实际情况结合起来，在群众斗争中创造新局面，初步

阐述了毛泽东思想的活的灵魂的实事求是、群众路线、独立自主的基本思想，这标志着毛泽东思想的初步形成。这期间毛泽东撰写的《中国的红色政权为什么能够存在?》、《井冈山的斗争》、《星星之火，可以燎原》、《反对本本主义》等四篇著作，是毛泽东思想初步形成的代表作。

1. 农村包围城市道路的理论

1927 年大革命失败后，党遇到了前所未有的困难。据不完全统计，从 1927 年 3 月～1928 年上半年，被杀害的共产党员和革命群众达 31 万多人，其中共产党员 2.6 万多人。在极其险恶的局势下，党内思想异常混乱，一些同志和不坚定分子离开党的队伍，党员数量急剧减少到 1 万多人。与此同时，工农运动走向低落，相当多的中间人士同共产党拉开了距离。事实表明：中国革命已进入低潮。

但是，在严峻的生死考验面前，在革命前途仿佛已变得十分黯淡的时刻，中国共产党和中国人民并没有被吓倒，被征服，被杀绝。他们从地下爬起来，揩干净身上的血迹，掩埋好同伴的尸首，又继续战斗了。

8 月 7 日，瞿秋白、李维汉主持中央紧急会议，毛泽东、张太雷、邓中夏、苏兆征、罗亦农、任弼时、蔡和森及共产国际代表罗明纳兹等 20 人出席该会。这就是中国共产党历史上具有重大转折意义的"八七会议"。会议在共产国际代表帮助下，总结大革命失败的经验教训，坚决批判了以陈独秀为代表的右倾投降主义错误，确定了实行土地革命和武装反抗国民党反动派的总方针，并把发动农民举行秋收起义作为当前党的主要任务。会上，毛泽东当选为中共中央临时政治局候补委员。

开会前，毛泽东经过深刻反思，认为大革命失败表明陈独秀等"领袖同志"的主张是错误的，而被他们否定的、自己经过一个月实地调查写成的《湖南农民运动考察报告》恰恰被证明是正确的。这在他的认识上产生了一个飞跃，破除了"素以为领袖同志的意见是对的"的迷信，从而确立了从实际出发、独立自主的思想。

在八七会议上，毛泽东的发言既总结了大革命失败的经验教训，又总结了辛亥革命失败的经验教训。他以亲身经历，从国共合作不坚持政治上的独立性、党中央不倾听下级和群众意见、抑制农民革命、放弃军事领导权四个方向，切中要害地批判了陈独秀的右倾错误，并对会议确定的

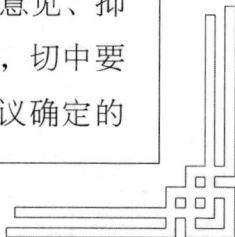

方针提出了独到的见解。比如，在八七会议讨论《最近农民斗争的议决案》时，毛泽东提出彻底进行土地革命的主张，从根本上取消地主土地占有制，不仅应当没收大、中地主的土地（为议决案所规定），而且应当同时解决小地主的土地（议决案只规定"减租"），以满足广大贫苦农民对土地的要求。但是共产国际代表没有采纳毛泽东的意见，不让大家再讨论土地问题，并且提出："土地的根本问题是土地国有。"

按照中共中央的部署和八七会议确定的方针，党派出许多干部分赴各地，恢复和整顿党的组织，组织武装起义。从1927年8月～1928年初，党先后发动包括南昌起义、湘赣边界秋收起义和广州起义在内的近百次武装起义。这些起义，有一部分很快地失败了。它们的失败证明：在中国的情况下，企图通过城市武装暴动或攻占大城市来夺取革命胜利，是行不通的。

毛泽东从会攻长沙的各路起义军先后遭到严重挫折中，看到进攻长沙的计划无法实行，便当机立断，说服大家放弃进攻长沙计划，率领起义部队沿罗霄山脉南下，向敌人统治力量比较薄弱的农村进军，随即在罗霄山脉中段地处湘赣边界的井冈山建立了我国第一个农村革命根据地。

1928年4月朱德、陈毅率部分南昌起义保留下来的部队和湘南农民起义军来到井冈山，同毛泽东率领的部队会师，进一步促进了井冈山根据地的发展。

井冈山革命根据地内经济极端困难，生活极为艰苦。在困难面前，有些人产生了右倾悲观思想，对革命前途丧失信心，认为"前途渺茫"，怀疑红旗到底能够打多久。当时最为紧迫的问题，就是刚刚建立起来的工农红军能不能站住脚，党在农村仅有的革命力量能否保存下来，以及如何才能坚持住革命斗争的问题。在这种情况下，对于中国红色政权在理论上给予科学的说明，就成为亟待解决的问题。

为了答复这个问题，毛泽东亲自主持召开了湘赣边界的第一次代表大会。会上，毛泽东提出了发展党的组织、深入开展土地革命、巩固和扩大红军的任务，强调了建立和巩固革命根据地的重要性，从而坚定了同志们坚持井冈山革命根据地斗争的胜利信心。特别是毛泽东于1928年10月5日所写的《中国的红色政权为什么能够存在?》以及同年11月25日所写的《井冈山的斗争》这两篇著作，从理论和实践上对这个问题作了明确而肯定的答复。

　　毛泽东在《中国的红色政权为什么能够存在?》一文中，第一次鲜明地提出了"工农武装割据"的思想，为"农村包围城市道路"的理论奠定了思想基础。在《井冈山的斗争》一文中，毛泽东总结了湘赣边界"割据地区一天一天扩大，土地革命一天一天深入，民众政权一天一天推广，红军和赤卫队一天一天扩大"的七条经验。如果说《中国的红色政权为什么能够存在?》解决了中国红军和红色政权存在和发展的可能性的话，那么，《井冈山的斗争》则解决了如何才能坚持农村革命根据地的问题。《井冈山的斗争》是《中国的红色革命政权为什么能够存在?》的具体化，二者是不可分割的姊妹篇。

　　1929 年 9 月 28 日，中共中央发出由陈毅起草、周恩来审定的致红四军前委的指示信，即"九月来信"。"九月来信"在总结红四军经验的基础上，着重指出"先有农村红军，后有城市政权，这是中国革命的特征，这是中国经济基础的产物"。肯定了毛泽东提出的"工农武装割据"和红军建设的基本原则。

　　1930 年元旦前夕，红四军第一纵队司令员林彪给毛泽东写了一封新年贺信。在信中林彪认为中国革命高潮未必很快到来，提出应采用比较轻便的流动游击方式去扩大红军的政治影响，流露出对时局和革命前途比较悲观的看法。

毛泽东接到林彪的"贺信"后，认为林彪的思想有一定的代表性。为了帮助林彪转变错误思想，并以此教育全军，他经过深思熟虑，于1930年1月5日，在古田赖家坊的"协成店"住地，给林彪写了一封信，即《星星之火，可以燎原》，并将复信油印发至红四军各大队党的支部和地方党组织。

毛泽东在这封信中，从中国社会的基本特点出发，在总结井冈山和赣南、闽西革命斗争经验的基础上，把他关于红色政权的理论又大大向前推进了一步，从理论上论证了中国革命应当走什么道路的问题。

毛泽东认为，中国是一个许多帝国主义国家互相争夺的半殖民地，而国内各派反动军阀为了维护他们自身及其帝国主义主子的利益，互相之间长期混战，始终不能有一个真正统一的政权的现状，就是这种争夺的必然的直接反映。这就是中国社会的基本特点。在这个基本特点之下产生了两种情况：一是各派军阀混战都是以大中城市或包括县城在内的中心城市为目标。他们的军队豢养在城市，他们的反动统治以城市为最恐怖。

这就使得中国共产党领导的革命力量难以在城市立足。二是城市以外的广大乡村，特别是偏远乡村和各省之间的边界地区，就成为反动统治的薄弱地带。所以，中国社会的基本特点，决定了中国革命必须是先在农村积蓄和发展革命力量，建立乡村革命政权，逐步推进直至取得城市，取得全国范围的胜利，即走农村包围城市的道路，是历史所显现出来的不可移易的中国革命的客观规律。

《星星之火，可以燎原》这封信，不仅进一步回答了中国的红色政权为什么能够存在和发展的问题，而且提出了中国革命无法以城市为中心取得全国性胜利，而必须以"乡村为中心"的光辉思想，标志着毛泽东关于以农村包围城市，最后夺取全国胜利的革命道路理论的形成。

2. 批判"左"倾教条主义

继《星星之火，可以燎原》之后，1930年5月毛泽东写了《调查工作》一文，1964年公开发表，题目改为《反对本本主义》。在这篇著作中，毛泽东从辩证唯物论的高度，论述了调查研究的极端重要性，深刻地揭露和批判了"左"倾教条主义的错误和危害，阐明了一切从实际出发，实事求是，理论和实际相结合的马克思列宁主义的思想路线，为中国革命的正确道路奠定了哲学基础。这不但是对于马克思列宁主义关于武装夺取政权理论的重大发展，而且在中国共产党的思想理论建设上也具有首创的意义，标志着毛泽东思想的初步形成。

《反对本本主义》这篇文献长期散失，但毛泽东自己总是记得这篇文章。1961 年，失而复得，毛泽东欣喜异常，同年 3 月 11 日他对此专门写了一个批语，接着在 3 月广州会议的两次讲话中又都提到它，并作了说明和解释。在 3 月 13 日的讲话中，他说："我对自己的文章有些也并不喜欢，这篇我是喜欢的。"

毛泽东的这篇文章是为了反对当时红军中的教条主义而写的，那时没有"教条主义"这个名称，叫作"本本主义"。中国红军从南昌起义创始到这时已有两年多的时间，党内、红军内以毛泽东为代表的正确意见和各种错误思想展开了激烈的斗争，这里所指的主要是红军第四军内的一番大斗争。

1928 年下半年以来，红四军中的教条主义倾向比较严重。一些同志不注重研究中国的具体国情，以教条主义的态度对待马列主义一般原理、

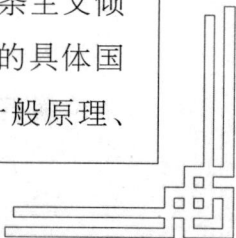

对待外国革命的经验、对待中共"六大"的决议。他们认为，"党的第六次全国代表大会的'本本'保障了永久的胜利，只要遵守既定的办法就无往而不胜利"。1929 年 4～5 月间，某些从苏联学习回来由党中央派到红四军工作的同志到红四军后并没有认真调查研究，就对一些原则问题轻率地大发议论，散布一些错误思想。许多巡视员，许多游击队的领导者，许多新接任的工作干部，喜欢一到就宣布政见，看到一点表面，一个枝节，即指手画脚地说这也不对，那也错误。这种情况，严重地影响了红四军领导的团结和党的工作。

在《反对本本主义》中，毛泽东首次提出了"没有调查，没有发言权"的著名口号，提出了共产党人应当从斗争中创造新局面的思想路线；反对本本主义，到群众中作调查研究，为的是进行正确的阶级估量，制定出正确的斗争策略，而"离开实际调查就要产生唯心的阶级估量和唯心的工作指导，那么，它的结果，不是机会主义，便是盲动主义"，这就将反对教条主义提到党的思想路线的高度进行分析批判，指出它在哲学上的唯心主义实质，并将思想路线和政治路线联系起来，将党内两条思想路线的斗争和革命斗争策略上的争论联系起来，强调为了开辟中国革命的独特道路，创造斗争的新局面，必须确立马克思主义的思想路线。

这篇文章深挖了教条主义错误的哲学认识论根源，从思想路线的高度分析批判了教条主义的错误实质，指出只有深入群众，深入实际，掌握各种必要的材料，获得符合客观实际的估量，才能形成正确的工作指导，找到解决问题的办法。由于毛泽东把党内确实存在的不同思想路线的斗争，提到了思想路线的高度，就明辨了是非，说服了更多的同志。

3. 武装斗争与建党建军理论的形成

（1）新型人民军队的创建

大革命的失败给了幼年的中国共产党极为重要的教训，它使中国共产党逐渐懂得了在中国，离开了武装斗争，就没有无产阶级的地位，就没有人民的地位，就没有共产党的地位，就没有革命的胜利。中国革命的主要形式，只能是武装的革命，反对武装的反革命。

1927 年 8 月 1 日，周恩来等领导的南昌起义打响了武装反抗国民党反动派的第一枪。党的八七会议批判了陈独秀的右倾机会主义错误，确定了实行土地革命和武装反抗国民党反动统治的总

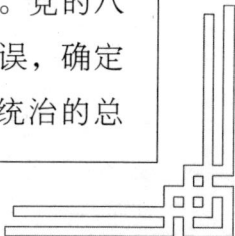

方针。9月9日，毛泽东领导了著名的秋收起义。此外，党还在其他地区发动了武装起义。这些起义把武装斗争和农民运动结合起来，保存下来的武装，成为工农红军的最初来源和骨干力量。

中国共产党创建的这支新型的武装力量，与旧式的军队、资产阶级以及帝国主义的军队的本质区别何在？这支军队的宗旨和任务是什么？军队与中国共产党的关系如何？中国共产党将如何组织和建设它并使其迅速发展壮大？这一系列问题，是中国共产党人必须首先回答和解决的问题。毛泽东和朱德在创建中国工农红军的过程中，经过艰苦的摸索，对此作出了解答，初步形成了毛泽东的建军思想。

第一，保证中国共产党对军队的绝对领导。

1927年9月，当部队到达江西省永新县三湾村时，毛泽东领导部队进行了有名的"三湾改编"。其主要内容是进一步完善了军队中共产党的组织建设，进一步确立了中共对军队的绝对领导原则。改编中，毛泽东从当时部队的实际出发，创造性地提出了把中共的支部建在连队的原则。他说：红军之所以艰苦奋斗而不涣散，"支部建在连上"是一个重要原因。

中国共产党对军队的领导，是建设一支无产

阶级的新型人民军队的首要条件。后来，毛泽东在《战争与战略问题》一文中把这一原则通俗地解释为："我们的原则是党指挥枪，而决不容许枪指挥党。"

第二，规定了新型人民军队的宗旨和任务。

早在 1927 年，毛泽东曾经向秋收起义的部队指出，工农群众的武装，要为工农群众打仗。1928 年 1 月，毛泽东在给中共中央的报告中写道：由于废除了雇佣制，红军士兵"感觉不是为他人打仗，而是为自己为人民打仗"。经过政治教育，红军士兵"都知道是为了自己和工农阶级而作战"。1929 年 1 月毛泽东在起草的《红四军司令部布告》中，开宗明义地指出："红军宗旨，民权革命。"这就初步提出了人民军队为人民服务的宗旨。

对红军任务的探索，在当时已形成根据地的地区引起了普遍的重视，中共中央"九月来信"中也明确规定："目前红军的基本任务主要的有以下几项：一、发动群众斗争，实行土地革命，建立苏维埃政权；二、实行游击战争，武装农民，并扩大本身组织；三、扩大游击区域及政治影响于全国。红军不能实现上面三个任务，则与普通军队无异。"

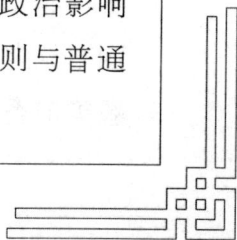

自"三湾改编"后，毛泽东就非常重视搞好工农革命军与民众的关系。他经常教育干部战士：不能侵犯老百姓的利益，老百姓的一根稻草，一个鸡蛋，一针一线都不能拿。只有跟老百姓同生死共患难，血肉相连，革命才能胜利。

1927年10月，在红军上井冈山途中，毛泽东为工农红军规定了"三大纪律"：一、一切行动听指挥；二、不拿老百姓一个红薯；三、打土豪要归公。1928年年初发展为"六项注意"：一、上门板；二、捆铺草；三、说话和气；四、买卖公平；五、借东西要还；六、损坏东西要赔。后来将六项注意增加到八项。与此同时，各根据地红军在建设和发展的过程中，也都十分注意加强军队纪律，把它作为政治工作的重要内容。

（2）古田会议决议是毛泽东建军思想的初步总结

随着革命形势的发展，红四军不断扩大，部队成分也较前复杂，共产党内涌进大量的农民和其他小资产阶级出身的同志，红军中又增添了大批俘虏兵。这种组织状况的变化，无形中加剧了各种非无产阶级思想在红四军中的影响。对于红四军党内思想上出现的问题，毛泽东、朱德、陈毅等前委负责人都有察觉，红四军先后召开了多次党的代表大会。然而流寇思想、单纯军事观点、个人说了算等观点仍未得到解决。

1929 年 12 月 3 日，毛泽东、朱德率领红四军开往连城新泉。毛泽东、朱德、陈毅一起住在望云草室，分别主持进行了为期 10 天的政治、军事整训，即有名的"新泉整训"。毛泽东为了了解部队的真实情况，与陈毅一起冒着严寒深入各连队召开座谈会，与到会同志展开了讨论，大家无拘无束，畅所欲言。毛泽东格外重视党内的调查研究，多次召开了各级党组织的书记、组织委员、宣传委员会议和各级党代表联席会议。通过调查研究，实际上是为起草党代会决议准备材料。同时，毛泽东还到新泉邻村官庄报一公祠召开农民座谈会，征求他们对红军的意见。

1929 年 12 月 28 日，红四军第九次代表大会在古田曙光小学（原为廖氏家祠）隆重开幕，这是红军发展史上一次十分重要的会议。会上，一致通过《中国共产党红军第四军第九次代表大会决议案》（通称《古田会议决议》）。

毛泽东主持起草的《古田会议决议》全文长达两万多字，分为九个部分：一、纠正党内非无产阶级意识的不正确倾向问题；二、党的组织问题；三、党内教育问题；四、红军宣传工作问题；

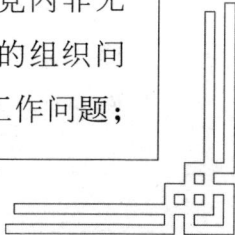

五、士兵政治训练问题；六、青年士兵的特种教育；七、废止肉刑问题；八、优待伤兵问题；九、红军军事系统与政治系统关系问题。决议案的基本思想是，以马克思列宁主义和中共的路线、方针、政策教育部队，树立无产阶级思想，克服非无产阶级思想，把红军建设成为一支服从无产阶级领导的，服从于人民革命斗争和根据地建设的军队。这是毛泽东建军思想的一个根本点，也是红军区别于其他军队的根本标志。

古田会议决议包括了下列建军思想：

第一，规定了红军的性质、宗旨和任务。按照决议的规定，中国的红军，其性质是一个执行革命的政治任务的武装集团。红军的任务决不是单纯地打仗，它除了打仗消灭敌人军事力量之外，还要负担宣传群众、组织群众、武装群众，帮助群众建立革命政权以至于建立共产党的组织等重大的任务。如果离开了对群众的宣传、武装和建设革命政权等目标，红军"就是失去了打仗的意义，也就是失去了红军存在的意义"。它表明了红军为人民服务的宗旨。

第二，规定了中国共产党对红军绝对领导的原则。决议规定在红军中要建立中共的领导中枢，健全中共的各级组织，厉行集中指导下的民主生活，实行集体领导的原则。一切工作，必须在经过中共的讨论和决议之后，再经过群众路线的方法去执行。各级党的会议（从支部到前委），均须将军事工作计划及报告列入议事日程，加以讨论和决定。

第三，规定了克服各种非无产阶级思想的原则和方法。人民军队政治工作的基本任务，就是从思想上、政治上、组织上保证共产党对军队的领导。其中，思想领导又是首要的一环。决议对各种错误思想的表现和社会思想根源以及克服的办法都作了精辟的阐述，指出："红军党内最迫切的问题，要算是教育的问题。为了红军的健全与扩大，为了斗争任务之能够负荷，都要从党内教育做起。"

第四，阐明了军事与政治的关系。决议指出军事只是完成政治任务的工具之一。批判了那些把军事与政治对立起来，所谓军事好，政治自然会好，军事不好，政治也不会好的错误观点。为此，要从教育上提高党内的政治水平，肃清单纯军事观点的理论根源，认清红军与白军的根本区别。发动地方党对红军党的批评和群众政权机关对红军的批评，以影响红军的党和红军的官兵。党对于军事工作要有积极的主意和讨论。

第五，规定了正确处理红军内部关系的原则。决议指出，红军官兵都是阶级兄弟，在政治上是平等的，官兵之间只有职务的分别，没有阶级的分别，官长不是剥削阶级，士兵也不是被剥削阶级。官长应爱护士兵，关心士兵的政治进步和生活状况，保障士兵的民主权利，尊重士兵的人格，坚决废止肉刑，纠正打骂士兵等旧军队的管教方法。士兵要尊重官长，自觉接受管理，遵守纪律，纠正极端民主化和平均主义、雇佣思想等错误倾向。人民军队的全体成员在革命目标上是完全一致的，这是人民军队官兵一致的政治基础。

第六，规定了红军宣传工作的任务和要求。决议指出：红军宣传工作的任务，就是扩大政治影响争取广大群众。宣传内容要根据红军政纲和针对各阶级、阶层不同对象的情绪去进行，宣传的方式方法要灵活多样。要依据不同的时间和地方，制定出适合那段时间和那个地方的宣传口号和鼓动口号。同时，军队要遵守群众纪律，红军纪律是一种对群众的实际宣传。在对敌军政策上，具体规定了"不要搜查他们身上的钱和一切物件"等优待俘虏的办法。

《古田会议决议》是党和军队建设的伟大纲领。它从根本上解决了党和军队即使在长期处于

MA LIE ZHU YI CHANG SHI GONG MIN DU BEN

分散的农村游击战争环境，并在工人不占主要成分的情况下，也能成为用马克思列宁主义武装起来的无产阶级政党，成为党领导下的、新型的、真正的人民军队的问题。

4. 遵义会议与毛泽东领导地位的确立

1930 年 6 月，以李立三为代表的"左"倾冒险主义在党中央占据统治地位。这次"左"倾错误在党内统治的时间虽然不长，但党却为此付出了沉重代价，1931 年 1 月召开的六届四中全会上，在共产国际代表米夫的直接插手下，以王明为代表的"左"倾教条主义在党中央开始了长达四年的统治。1931 年 9 月下旬，王明决定去莫斯科，担任中共中央驻共产国际代表团团长，由博古等人组成中共临时中央政治局，继续执行以王明为代表的"左"倾冒险主义政策。

由于王明等人的主张比李立三的"左"倾错误更"左"，气焰更盛，有更多的理论装饰，对中国革命造成的危害也就更大。毛泽东在三湾改编后提出的红军三大任务、党委集体领导制度、士兵委员会制度等许多正确的建军原则和行之有效的制度遭到否定。直接导致了中央根据地第五次反"围剿"的失败，使红军完全陷于被动，被迫

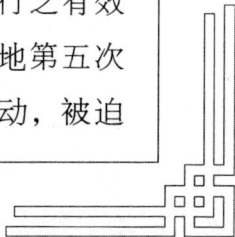

进行战略转移。

中央红军长征开始后，"左"倾领导人又犯了退却中的逃跑主义错误，并把战略转移变成搬家式的行动。在连续突破国民党军队布置的四道封锁线之后，红军和中央机关人员锐减到3万多人。这时，蒋介石察觉中央红军的前进方向，是要到湘西同红二、红六军团会合，立即调兵遣将，等候红军到来，红军将面临全军覆没的危险。在这紧急关头，毛泽东建议放弃同红二、红六军团会合的计划，改向敌人力量薄弱的贵州挺进。1934年12月18日，在黎平召开中央政治局会议，正式决定放弃向湘西前进的计划，改向贵州北部进军。

1935年1月2～6日，中央红军全部渡过乌江，向以遵义为中心的黔北地区挺进。1月15～17日，在遵义城红军总司令部召开中共中央政治局扩大会议。出席会议的政治局委员有博古、周恩来、张闻天、毛泽东、朱德、陈云，政治局候补委员有王稼祥、邓发、刘少奇、凯丰，红军总部和各军团负责人有刘伯承、李富春、林彪、聂荣臻、彭德怀、杨尚昆、李卓然，还有中央秘书长邓小平，军事顾问李德及翻译伍修权也列席会议，共20人。

会议由博古主持，并作了关于第五次反"围剿"的总结报告，他对军事指挥上的错误作了一些检讨，但主要还是强调种种客观原因。周恩来作副报告，提出第五次反"围剿"失利主要原因是军事领导的错误，并主动承担了责任。随后，由张闻天代表他和毛泽东、王稼祥作联合发言，尖锐地批评"左"倾军事路线。接着，毛泽东作了长篇发言，指出：导致第五次反"围剿"失败和大转移严重损失的原因，主要是军事上的单纯防御路线，表现为进攻时的冒险主义，防御时的保守主义，突围时的逃跑主义。他还以前几次反"围剿"，在敌强我弱情况下取得胜利的事实，批驳了博古用敌强我弱等客观原因来为第五次反"围剿"失败作辩护的借口。同时，比较系统地阐述了适合中国革命战争特点的战略战术和今后军事行动的方向。

毛泽东在20世纪60年代初曾多次讲到凯丰当时用反批评的方式来维护博古、李德。他说："遵义会议时，凯丰说我打仗的方法不高明、是照着两本书去打的，一本是《三国演义》，另一本是《孙子兵法》。其实，打仗的事，怎么照书本去打？那时，这两本书，我只看过一本——《三国演义》。另一本《孙子兵法》，当时我并没有看过。

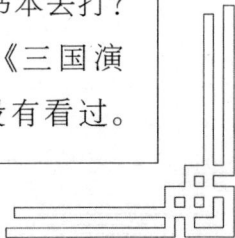

那个同志硬说我看过。我问他《孙子兵法》共有几篇？第一篇的题目叫什么？他答不上来。其实他也没有看过。从那以后，倒是逼使我翻了翻《孙子兵法》。"

遵照会议的决定，张闻天根据毛泽东的发言内容起草了《中央关于反对敌人五次"围剿"的总结的决议》，经政治局通过后印发各支部。决议指出，"军事上的单纯防御路线，是我们不能粉碎敌人五次'围剿'的主要原因"；同时充分肯定了毛泽东在历次反"围剿"战役中总结的符合中国革命战争规律的积极防御的战略、战术原则。

遵义会议在中国革命最危急的关头，依据民主集中制的原则，独立自主地解决了党中央的组织问题，结束了王明"左"倾教条主义在中央长达四年之久的统治，确立了毛泽东在党中央和红军中的领导地位，"走自己的路"，从而挽救了党，挽救了红军。

（四）新民主主义革命理论
与毛泽东思想的成熟

1. 抗日民族统一战线理论的提出

土地革命战争后期到抗日战争时期，毛泽东思想得到系统总结和多方面展开而达到成熟。这一时期毛泽东的理论创作包括了政治、经济、文化和哲学等各个方面。其主要成果，一是形成了新民主主义革命理论的完整体系，系统地论述了新民主主义革命的对象、动力、领导、前途、纲领等一系列重要问题。二是总结出了党领导新民主主义革命的三大法宝。三是实现了毛泽东哲学思想体系的构建。其中，新民主主义革命理论的形成是毛泽东思想成熟的主要标志，其代表作是毛泽东在这一时期撰写的《中国革命和中国共产党》、《新民主主义论》、《〈共产党人〉发刊词》三篇文章。1945 年党的七大，毛泽东思想被确定为中国共产党的指导思想。这是毛泽东思想发展史上的一个里程碑。

1935 年，中国整个时局发生巨大的变动。日本帝国主义大大加快了他们企图独占中国、不断扩大对中国的侵略的步伐，并且把矛头进一步指向华北，使中华民族同日本侵略者之间的民族矛盾急剧上升了。中共中央为了推进抗日救亡运动，在 11 月 13 日发表《为日本帝国主义并吞华北及蒋介石出卖华北出卖中国宣言》。毛泽东在 25 日发表对《红色中华》报记者的谈话，重申 "苏维埃中央政府愿意与国内任何武装队伍订立反蒋的作战协定"，进行民族革命战争，以求中国领土的解放和完整。

这时，中共驻共产国际代表团成员林育英（化名张浩）从苏联回到陕北，向中共中央口头传达了共产国际七大关于建立反法西斯统一人民阵线的决议精神（在这次会上，毛泽东、周恩来、张国焘被选为共产国际执行委员会委员）。毛泽东、朱德分别以中华苏维埃共和国中央政府主席和中国工农红军革命军事委员会主席的名义发表《抗日救国宣言》，提出愿同一切抗日反蒋者订立停战协定，进而组织抗日联军和国防政府。

国内的政治形势发展得很快。12 月 9 日，在中国共产党北方党组织的推动下，北平爆发了 "一二·九" 学生爱国反日运动。运动迅速席卷全国各大中城市，学生们还下乡进行救亡宣传，博得社会各阶层的广泛同情和支持。中国共产党提出的"停止内战，一致抗日"的主张，促进了全国抗日救亡运动的新发展。

在这种新形势下，中共中央有必要对整个形势做出科学的分析，制定出适合新情况的完整的政治路线和战略方针。

1935年12月17日至25日，中共中央在瓦窑堡举行政治局扩大会议，参加会议的有张闻天、毛泽东、周恩来、博古、王稼祥、刘少奇、邓发、凯丰、张浩，以及李维汉、郭洪涛等10余人。张闻天主持会议，张浩传达了共产国际七大会议的指示精神。会议着重讨论了全国政治形势和党的策略路线、军事战略。

会议进入讨论政治问题时，毛泽东作了主题发言。讨论中，对民族资产阶级有没有可能抗日的问题，产生了争论。毛泽东发言中提出，日本帝国主义进一步入侵华北，中华民族面临危亡关头，不仅工人、农民和小资产阶级要求抗日，民族资产阶级也有参加抗日的可能，我们应当联合他们抗日。博古发言仍引经据典地论证"中间势力是最危险的"，反对联合民族资产阶级抗日，说这是背离马克思主义的。毛泽东在第二天再次发

言，指出：半殖民地中国的民族资产阶级不同于资本主义国家的资产阶级，它具有两重性，在亡国灭种关头有参加抗日的可能，甚至连大资产阶级营垒也有分化的可能；"福建事变"失策，就在于套用"中间势力是最危险的"这一理论。他是根据马列主义基本原理和基本立场来分析中国问题，提出联合民族资产阶级抗日的。毛泽东还愤激地说："难道这样做，就是对祖宗不忠？对祖宗不孝吗？"博古哑口无言。

毛泽东在讨论过程中明确地提出，"我们要从关门主义中解放出来"，建立广泛的抗日民族统一战线。张闻天等多数人赞成毛泽东的主张。经过认真讨论，最后统一了认识。12 月 25 日，会议通过了由张闻天起草的《中共中央关于目前政治形势与党的任务决议》，决议指出，"目前政治形势已经起了一个基本上的变化"，"党的策略路线，是在发动、团聚与组织全中国全民族一切革命力量去反对当前主要的敌人：日本帝国主义与卖国贼头子蒋介石"。确定要建立最广泛的抗日民族统一战线，明确地指出："在目前说来，'左'的关门主义，是党内主要危险。"

瓦窑堡会议是从十年内战到抗日战争的伟大转变时期中召开的一次极其重要的会议，它表明党中央克服了长征前一段时期内"左"倾冒险主义、关门主义的指导思想，不失时机地制定了抗日民族统一战线的政策，使党在新的历史时期将要到来时掌握了政治上的主动权。它也表明，中国共产党在总结革命中成功和失败的经验教训的基础上，已经成熟起来，能够从中国革命实际出发来贯彻共产国际决议，创造性地进行工作。

西安事变和平解决后，毛泽东继续以主要精力去促成抗日民族统一战线的最后建立。他根据国内和平已基本实现的新形势，适时地向全党提出"巩固和平、争取民主、实现抗战"的方针。其中，他特别强调争取民主的重要性，认为这是目前阶段中革命任务的中心环节，看不清其重要性，"降低对于争取民主的努力，我们将不能达到真正的坚实的抗日民族统一战线的建立"。

1937 年 5 月，苏区党的代表会议在延安召开，毛泽东作了题为《中国共产党在抗日时期的任务》的政治报告和《为争取千百万群众进入抗日民族统一战线而斗争》的结论。毛泽东在政治报告和结论中，着重论述了三个问题。

首先，他从分析"九一八"事变以来民族矛盾和国内矛盾关系的变化状况出发，由此确定党的任务和方针。他说："由于中日矛盾成为主要的

矛盾、国内矛盾降到次要和服从的地位而产生的国际关系和国内阶级关系的变化，形成了目前形势的新的发展阶段。"他敏锐地指出："中日矛盾变动了国内的阶级关系，使资产阶级甚至军阀都遇到了存亡的问题，在他们及其政党内部逐渐地发生了改变政治态度的过程。这就在中国共产党和中国人民面前提出了建立抗日民族统一战线的任务。我们的统一战线是包括资产阶级及一切同意保卫祖国的人们的，是举国一致对外的。"

其次，他提出并阐明目前阶段的巩固和平、争取民主、实现抗战三位一体的任务。他说："为了巩固和平，实现抗战，必须具备一个必要的条件，即争取民主。在这种情况下，我们的结论不是回到"停止内战"或"争取和平"的旧口号，而是前进一步，提出"争取民主"的新口号，只有这样才能巩固和平，才能实现抗战。他批评那种认为"强调民主是错误，仅仅应该强调抗战"的看法，指出："抗战需要全国的和平与团结，没有民主自由，便不能巩固已经取得的和平，不能增强国内的团结。抗战需要人民的动员，没有民主自由，便无从进行动员。""中国真正的坚实的抗日民族统一战线的建立及其任务的完成，没有民主是不行的。"所以，必须实行下列两方面的民主改革：第一，将政治制度上国民党一党派一阶级的反动独裁政体，改变为各党派各阶级合作的民主政体；第二，保障人民的言论、集会、结社自由，包括释放政治犯、开放党禁等。

最后，总结第一次国共合作的历史经验教训，阐明在抗日民族统一战线中坚持无产阶级领导权的极端重要性。他尖锐地提出这样的问题："使无产阶级跟随资产阶级呢，还是使资产阶级跟随无产阶级呢？这个中国革命领导责任的问题，乃是革命成败的关键。"离开了无产阶级及其政党的政治领导，抗日民族统一战线就不能建立，和平、民主、抗战的目的就不能实现。

遵义会议结束了以王明为代表的"左"倾教条主义的统治，但它是在红军长征途中举行的，只能对当时最迫切的军事问题和中央领导机构问题作了变动，其他问题还来不及解决。到达陕北后，毛泽东在一次政治局会议谈到博古时说："遵义会议纠正了他的错误，然而没有指出宗派主义、冒险主义，这个问题是路线上的错误。"可见，他对党内存在的种种问题，正在从根本路线上进行通盘的审视。

这时，中国的政治局势也正处在重大的历史转折时刻，开始由国内战争向抗日战争转变。面

对着错综复杂、变化多端的国内外各种矛盾，客观形势的发展，迫切要求党内有统一的认识，对形势做出科学的分析，制定出正确的路线和策略。然而，党内的思想并不统一。关门主义（也就是宗派主义）、冒险主义以及作为它们共同思想基础的教条主义，仍然阻碍着党的正确路线、策略的制定和执行。这些问题如果不能从思想理论的高度上加以解决，中国革命就不能前进一步。

《论反对日本帝国主义的策略》，是毛泽东在瓦窑堡会议结束后给党的活动分子会议所作的报告。毛泽东在报告里，一开始便从千头万绪的现实生活中，十分鲜明地指明了当前主要矛盾之所在。他说，"目前的政治形势已经发生了很大的变化"，"目前形势的基本特点，就是日本帝国主义要变中国为它的殖民地"，全国人民的生存已受到严重的威胁。

毛泽东接着指出："这种情形，就给中国一切阶级和一切政治派别提出了'怎么办'的问题。反抗呢？还是投降呢？或者游移于两者之间呢？"他指出：中国的工人和农民都是要求抗日的，而且是中国革命的最坚决的力量；小资产阶级也是要反抗的。现在他们眼看就要当亡国奴了，除了反抗，再没有出路；民族资产阶级是一个复杂的问题，他们具有两面性：既不喜欢帝国主义，又害怕革命的彻底性，但在今天殖民地化威胁的新环境下，他们是有变化的可能性的。即使是国民党营垒中，在民族危机到了严重关头的时候，在日本炸弹的威力圈及于全中国的时候，在斗争改变常态而突然以汹涌的阵势向前推进的时候，也是要发生破裂的。

基于对现实状况的分析，毛泽东得出结论："目前是大变动的前夜。""当着革命的形势已经改变的时候，革命的策略，革命的领导方式，也必须跟着改变。""党的基本的策略任务是什么呢？不是别的，就是建立广泛的民族革命统一战线。"为了建立起广泛的抗日民族统一战线，毛泽东强调指出，必须在党内反对两种错误倾向：关门主义和冒险主义。目前的时局，要求我们勇敢地抛弃关门主义。采取广泛的统一战线，防止冒险主义。不到决战的时机，没有决战的力量，不能冒冒失失地去进行决战。

在这篇讲话中，他着重谈了反对关门主义的问题。他用简单明了的语言，把统一战线和关门主义这两种不同的正相反的策略，作了强烈的对比："一个要招收广大的人马，好把敌人包围而消灭之。""一个则依靠单兵独马，去同强大的敌人

打硬仗。"究竟哪一种策略的道理是对的呢?

他依然用事实来作回答:"革命的道路,同世界上一切事物活动的道路一样,总是曲折的,不是笔直的。革命和反革命的阵线可能变动,也同世界上一切事物的可能变动一样。日本帝国主义决定要变全中国为它的殖民地,和中国革命的现时力量还有严重的弱点,这两个基本事实就是党的新策略即广泛的统一战线的出发点。组织千千万万的民众,调动浩浩荡荡的革命军,是今天的革命向反革命进攻的需要。只有这样的力量,才能把日本帝国主义和汉奸卖国贼打垮,这是有目共见的真理。"因此,只有统一战线的策略才是马克思列宁主义的策略。关门主义的策略则是孤家寡人的策略。

毛泽东所作的《论反对日本帝国主义的策略》这篇报告,对中国共产党提出的建立抗日民族统一战线的主张作了完整的分析和论述,系统地解决了党的政治路线问题,为全党进入抗日战争作了重要的思想理论准备。他的论述,处处以正在发生巨大变动的客观事实为出发点,以中国的社会经济、政治和阶级关系的具体特点为出发点,反对那种不顾事实的、凝固而僵化的教条主义思想,把马克思主义的唯物主义认识论和辩证法同中国革命的实践纯熟地结合起来，说明他的思想正在进一步走向成熟。

2. 毛泽东军事思想体系的形成

（1）《中国革命战争的战略问题》

在解决了党的政治路线后，毛泽东又把注意力集中到党的军事路线上来。他说："过去的革命战争证明，我们不但需要一个马克思主义的正确的政治路线，而且需要一个马克思主义的正确的军事路线。"这就必须系统地总结中国革命战争的历史经验，从中做出新的理论概括。在经过长时间准备后，1936年12月，他在陕北的红军大学作了《中国革命战争的战略问题》的报告。

这个报告是党内关于军事问题的多次争论导致的结果，这场大争论在长征前的中央革命根据地就已经激烈地进行着。主要是围绕李德这个洋顾问所提出的军事方针与毛泽东所提出的军事战略展开争执。出于李德在历次重要时刻所做出的军事决定都给红军造成了巨大的损失，而每每毛泽东的军事主张总被实践证明是正确的。因此，1936年3月，中共中央政治局在晋西开会时就做出决议："战略决定由毛主席写。"这件事促使毛泽东下决心系统地总结十年内战时期在军事斗争

上的经验教训，来写这本书。

毛泽东对这件工作做了十分认真的准备，他通过各种渠道从国民党统治区购买到一批军事方面的书籍，他反复地精读马克思主义的军事著作，认真研究德国克劳塞维茨的《战争论》，日本人写的关于外线作战的书籍等，还研读了中国古代的《孙子兵法》。他后来多次讲道："在遵义会议时，有人说我打仗是照《孙子兵法》打的，其实我当时并没有看过这本书，倒是到了陕北后才读了这本书。"他还组织一些富有实际经验的干部一起，联系中国革命实际来研究和讨论这些军事理论问题。通过学习、讨论和研究，把中国革命战争中积累起来的丰富经验上升为理论。这就是《中国革命战争的战略问题》的由来。

毛泽东在这部著作中指出：战争是有规律的。战略问题是研究战争全局规律的东西。战争的胜负不仅取决于作战双方的军事、政治、经济、自然诸条件，还取决于双方的主观指导能力。因此，任何指导战争的人不能不研究和不能不解决这个问题。

那么，中国革命战争的特点是什么呢？毛泽东指出：第一，中国是一个政治经济发展不平衡的半殖民地的大国，而又经过了 1924 年至 1927

年的革命；第二，敌人的强大；第三，红军的弱小；第四，有共产党的领导和土地革命。第一个特点和第四个特点，规定了中国红军的可能发展和可能战胜其敌人，第二个特点和第三个特点，规定了中国红军的不可能很快发展和不可能很快战胜其敌人，即是规定了战争的持久，而且如果弄得不好的话，还可能失败。正是从这些特点，产生了我们的战略战术。

接着，毛泽东回顾了十年内战中以"围剿"和反"围剿"为主要形式的战争的历史经验，并且就九个问题作了说明：积极防御和消极防御；反"围剿"的准备；战略退却；战略反攻；反攻开始问题；集中兵力问题；运动战；速决战；歼灭战。

怎样才能学会正确地指导战争？毛泽东有一句名言："读书是学习，使用也是学习，而且是更重要的学习。从战争学习战争——这是我们的主要方法。"

这里，毛泽东特别强调主观和客观的一致。在指导战争中，人的主观能动性是极其重要的："学习战争全局的指导规律，是要用心去想一想才行的。因为这种全局性的东西，眼睛看不见，只能用心思去想一想才能懂得，不用心思去想，就

不会懂得。"但他所说的"用心思去想"有一个前提，就是要和客观的实在情况相符合。他写道："为什么主观上会犯错误呢？就是因为战争或战斗的部署和指挥不适合当时当地的情况，主观的指导和客观的实在情况不相符合，不对头，或者叫作没有解决主观和客观之间的矛盾。""这里的关键，就在于把主观和客观二者之间好好地符合起来。"

《中国革命战争的战略问题》是毛泽东军事思想体系形成的重要标志。它以对中国国情的科学分析和准确把握为深厚根基，以实践为主要源泉，充满着实事求是的创造精神，具有鲜明的中国气派和特色。中国革命战争长时期内是在敌强我弱的环境中进行的。陈毅在中共七大的发言中曾作过这样的评论：中国革命战争的一个重要特点是"以小敌大"、"以弱敌强"。他说："拿起落后的武器，和具有新式武器的敌人作战。我们是弱者，就不能斗力，斗力打不赢人家，我们就讲究斗智。因此我们战略思想最发达，我们的脑袋最发达，靠脑袋吃饭。""以弱胜强，以小胜大，战略战术特别发展。这种军事思想为什么又和毛泽东的名字联系起来呢？就是他能根据这些特点，总结经验，表现了毛泽东同志的天才。"

（2）毛泽东在抗日战争时期的军事战略思想

1937 年 9 月 22 日，也就是日本向上海发动进攻后 40 天，国民党中央通讯社发表了周恩来在 7 月庐山谈判时向蒋介石提交的《中共中央为公布国共合作宣言》。第二天，蒋介石发表谈话，承认中国共产党在全国的合法地位，指出了团结救国的必要。这是一件大事，标志着以国共合作为基础的抗日民族统一战线的正式形成。

1937 年 11 月底，中共驻共产国际代表、共产国际执委、主席团委员和候补书记王明被派回国，以贯彻共产国际的"一切经过统一战线"的"新政策"。

11 月 29 日，王明和中共驻共产国际代表、共产国际执委会候补委员康生到达延安，同机回来的还有中共驻新疆代表陈云。毛泽东、张闻天、周恩来等中共中央负责人冒着纷飞的大雪，到延安机场迎接。这是毛泽东和王明的第一次会面。

毛泽东还以"饮水思源"为题致欢迎词说："欢迎从昆仑山下来的'神仙'，欢迎我们敬爱的国际朋友，欢迎从苏联回来的同志们。你们回到延安来是一件大喜事，这就叫做'喜从天降'。"这表明，中共中央和毛泽东是很真诚地愿同他们通力合作，开创抗战新局面。

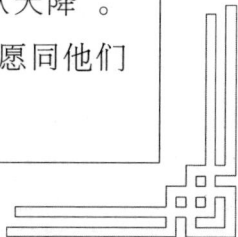

可是，王明回到延安后，积极推行共产国际的"新政策"。他反对中共中央关于抗日民族统一战线的独立自主原则，处处以国际代表和领袖自居，把自己凌驾于中共中央之上。他有一个讲话，很有煽动性。他说，"我们能回来，是共产国际派回来的，斯大林派回来的"，其次他讲，"我们几个人都是中国共产党派驻共产国际的代表，没有什么地方值得欢迎的，应当欢迎的是毛泽东同志"，并举了几个例子加以说明。在李德看来，王明在到延安后为他举行的欢迎会上的讲话，"可以被看作是对毛的党内政策以及全国政策的十分谨慎的批评"。按张国焘的说法是："王明当时俨然是捧着尚方宝剑的莫斯科的'天使'，说话的态度，仿佛是传达'圣旨'似的……"

王明回国后只隔了10来天，12月9日至14日，中共中央召开政治局会议，通常被称为"十二月会议"。王明在会议的第一天就作了题为《如何继续全国抗战与争取抗战胜利呢？》的报告。

他说："在统一战线中两党谁是主要的力量？在全国政权与军事力量上要承认国民党是领导的优势的力量。我们不能提出要国民党提高到共产党的地位，共产党也不能投降国民党，两党谁也不能投降谁。现在不能空喊资产阶级领导无产阶级或无产阶级领导资产阶级问题，这是将来看力量的问题，没有力量空喊无产阶级领导是不行的。空喊领导，只有吓走同盟军。"这些指责，显然是针对毛泽东而发的。

他又说："过去提出国民党是片面抗战，是使他们害怕。要提出政府抗战很好，要动员广大人民来帮助，不要提得这样尖锐，使人害怕。"这些指责，自然也是针对毛泽东的。

他在报告中还提出许许多多其他批评，例如，"没有统一的国防军与统一的正规军是不能战胜日帝的，游击战争不能战胜日本"、"我们对政权问题，不要提出改造政权机构，而是要统一的国防政府"、"要改造旧军队，这是不策略的口号"、"我们的斗争方式也要注意，如章乃器说多建议，少号召，在一定的程度上是有意义的"等。这些无疑仍是对毛泽东的指责。

毛泽东在会上的处境十分困难，后来在中共七大上谈到过十二月会议的情况，他说："遵义会议以后，中央的领导路线是正确的，但中间也遭过波折。抗战初期，十二月会议就是一次波折。

1938 年 5 月 26 日至 6 月 3 日，毛泽东在延安抗日战争研究会作了《论持久战》的讲演，批驳了"亡国论"、"速胜论"，指出抗日战争的持久

战，要经过战略退却、战略相持和战略反攻三个阶段，最后胜利是中国人民的，这是中共关于抗日战争的战略方针和战略战术的一个至关重要的文献。7月上旬，中共中央致电长江局，要他们在《新华日报》上刊登这一重要文献，可是王明等借口文章太长不予登载。随后中共中央再次致电长江局，要他们分散刊登，但王明等仍不同意。由于同样的原因，《群众》周刊也未刊载。

毛泽东在《论持久战》中全面地分析了中日战争所处的时代，以及敌我双方的基本特点，深刻地揭示了抗日战争是持久战，最后胜利属于中国这一客观规律。毛泽东从中日战争的性质入手，指出"中日战争不是任何别的战争，乃是半殖民地半封建的中国和帝国主义的日本之间在二十世纪三十年代进行的一个决死的战争。全部问题的根据就是这里"。从这个总的根据出发，毛泽东指出战争双方互相矛盾的四个基本特点：

第一，日本是一个帝国主义的强国，它的军力、经济力和政治组织力在东方是第一等的；而中国是一个半殖民地半封建的弱国，军力、经济力和政治组织力各方面都不如敌人。

第二，日本发动的战争是侵略性的、退步的和野蛮的。日本虽是一个强国，但它已是一个趋于没落、灭亡的帝国主义国家；中国进行的战争是反侵略的正义战争，它必将唤起全国人民的觉悟和团结。更重要的是：这时的中国处于历史上进步的时代，它已经有了无产阶级，有了共产党，有了已经觉悟或正在觉悟的广大人民，有了政治上进步的军队，有了数十年的革命的传统经验，特别是中国共产党成立以来的 17 年的经验。

第三，日本是一个小国，先天不足，其人力、军力、财力、物力均感缺乏；中国是一个大国，地大、物博、人多、兵多。

第四，日本进行的侵略战争，遭受全世界爱好和平的人民的反对，它是失道寡助的；中国的反侵略战争得到全世界人民的同情和支援，是得道多助的。

因此，抗日战争是长期的，最后胜利是属于中国的。因而，"亡国论"和"速胜论"都是错误的。毛泽东指出，"亡国论"者夸大了敌强我弱这个矛盾，把它作为全部问题的论据而忽视了其他的矛盾。"速胜论"者则相反，他们只记起了其他矛盾而根本忘记了敌强我弱这个事实。两个相反的极端，都歪曲了客观事物的真相。因此，他们得出的结论都是错误的、非科学的。

在《论持久战》中，毛泽东科学地预见了抗

日战争将经历三个战略阶段。第一阶段，"是敌之战略进攻，我之战略防御的时期"。敌人在"此阶段的中期已不如初期，末期将更不如初期"。随着战争的进程，在这阶段的末期，战争双方都有向下、向上两种不同的变化。第二阶段，是敌我战略相持阶段。在这个阶段，敌我双方力量的变化将继续发展，中国继续向上，日本继续向下。由于中国力量的增长，日本力量的减弱，敌我力量的对比将发生根本相反的变化，中国将脱出劣势，日本则脱出优势，双方先走到平衡的地位，再走到优劣相反的地位，中国将完成战略反攻的准备。第三阶段，是我之战略反攻阶段。中国方面经过第二阶段的长期艰苦斗争和准备，力量不断壮大，国际援助等有利因素更加增多，将使敌强我弱的形势发生根本变化，开始举行战略反攻，收复失地，"取得自己的彻底解放，建立独立的民主国家，同时也就是帮助世界的反法西斯运动"。

毛泽东这些异常清晰而符合实际的判断，回答了人们最关心而一时又看不清楚的问题，使人们对战争的发展过程和前途有了一个清楚的了解，大大提高了坚持抗战的信念。《论持久战》的发表，使他博得越来越多人的钦佩与尊重。一位外国记者评论说："不管他们对于共产党的看法怎样，以及他们所代表的是谁，大部分的中国人现在都承认毛泽东正确地分析了国内和国际的因素，并且无误地描绘了未来的一般轮廓。"

为什么在坚持抗日、坚持统一战线的共同主张下，毛泽东、王明之间会产生这么尖锐的分歧？王明为什么一直不顾中国的实际情况坚持他那些错误主张？毛泽东后来说过："王明问题的关键、症结之所在，就是他对自己的事考虑得太少了，对别人的事却操心得太多了。"这真是一针见血的评论。王明考虑问题的基本出发点，就是不要得罪国民党，求得他们不脱离抗日阵营，以免苏联遭受两面作战的危险；至于中国人民的利益和中国的实际情况，却不是或很少在他考虑的范围之内。其实，放弃斗争，一味退让，不仅不利于中国人民的利益，而且也不可能使国共合作真正保持下去。

1938 年 8 月，去莫斯科疗伤近两年的王稼祥回到了延安。王稼祥带来了让毛泽东惊喜的消息。在王稼祥回国前，共产国际总书记季米特洛夫约见了王稼祥，明确地告诉他："应该承认毛泽东同志是中国革命实际斗争中产生出来的领袖，请告诉王明，不要竞争了吧！"

共产国际总书记的这番表白，王稼祥并不感

到吃惊。自任弼时 3 月份到达莫斯科后，向共产国际递交了《中国抗战的形势与中国共产党的工作和任务》的书面报告，详细地介绍了自抗战以来，中国共产党在毛泽东领导下所制定和实行的一系列方针政策。6 月 11 日，共产国际执委会主席团作出《关于中共代表报告的决议案》，肯定了"中国共产党的政治路线是正确的"。

在那段时间里，莫斯科最有影响的《真理报》、《共产国际》杂志对八路军的抗战活动的报道明显增强。6 月的《真理报》还用了一个整版的篇幅，开辟了"中国人民英勇斗争一周年"的专栏，刊登了毛泽东和朱德的合影。所有这一切表明，共产国际和苏联对中国共产党的了解大大提高了一步。

3. 毛泽东哲学思想的形成

毛泽东到陕北后，就努力阅读他所能收集到的各种哲学书籍。美国记者埃德加·斯诺到保安去访问他后，记述道："毛泽东是个认真研究哲学的人。我有一阵子每天晚上都去见他，向他采访共产党的党史，有一次一个客人带了几本哲学新书来给他，于是毛泽东就要求我改期再谈。他花了三四夜的工夫专心读了这几本书，在这期间，他似乎是什么都不管了。他读书的范围不仅限于马克思主义的哲学家，而且也读过一些古希腊哲学家、斯宾诺莎、康德、歌德、黑格尔、卢梭等人的著作。"

西安事变发生后，张学良调原驻延安的东北军增援东线，延安由红军接管。1937 年 1 月 13 日，毛泽东和中共中央领导机关从保安迁到延安。到延安后，他又挤出不少时间，不分昼夜，发奋攻读了不少马克思主义的哲学书籍，现在保存下来的毛泽东在这个时期读过并作过批注的哲学书籍就有：西洛可夫、爱森堡等所著的《辩证法唯物论教程》，米丁主编的《辩证唯物论与历史唯物论》（上册）等。他在前一本书上所写的批注有1.2 万余字，在后一本书上所写的批注有 2600多字。

批注的内容大约有四类：原著内容的提要；对原著内容的评论；结合中国实际情况所发的议论；对原著中一些理论观点的发挥。郭化若回忆道："有一次我在毛主席办公室内，看到桌面上放着一本《辩证法唯物论教程》。我翻开一看，开头和其他空白处都有墨笔小字的旁批，内容全是中国革命中路线斗争的经验教训。这使我初步理解到毛主席是用马列主义的立场、观点、方法来分

析中国革命的实际问题，并把中国革命的实际经验提高到理论水平上来，充实和发展马列主义。他这些旁批，后来就逐步发展成为他的光辉著作《实践论》。"

1937 年 7～8 月，毛泽东应红军大学（后来改为抗日军政大学）的请求，向学员讲授唯物论和辩证法。总政治部把他讲课的记录稿整理出米，经他同意，打印了若干份。以后，毛泽东把其中的两节，经过整理，成为收入《毛泽东选集》中的《实践论》和《矛盾论》。这是他对中国革命经验所作的一次更深刻、更系统的哲学总结，是他把马克思主义列宁主义的普遍真理同中国革命具体实践相结合的重要成果，也是对曾经长期在党内占统治地位的看轻实践的教条主义这些主观主义思想的有力批判。毛泽东在《辩证法唯物论教程》的批注中，联系中国革命的实际，写道："不从具体的现实出发，而从空虚的理论命题出发，李立三主义和后来的军事冒险主义与军事保守主义都犯过此错误，不但不是辩证法，而且不是唯物论。"《实践论》就是以认识与实践的正确关系为核心，全面而系统地阐述和发挥了辩证唯物主义的认识论的基本原则。

毛泽东从物质第一性、意识第二性这一唯物

主义的根本原理出发，强调了认识对实践的依赖关系。他指出："只有人们的社会实践，才是人们对于外界认识的真理性的标准。"社会实践是推动人们的认识由低级向高级、由浅入深、由片面到更多方面的动力，也是认识真理性的标准和认识的目的。因此，"实践的观点是辩证唯物论的认识论之第一的和基本的观点"。

毛泽东指出：教条主义和经验主义，都是违背辩证唯物论的认识论的。教条主义者否认认识开始于实践，否认感性认识的必要性。他们总是从书本出发，忽视对实际情况的具体分析，生吞活剥地引证马克思列宁主义书本中的个别词句去指导革命。经验主义局限于一时一地的片面的感性认识，沾沾自喜于一得之功和一孔之见，而忽视理论的指导作用。他们在认识论的个体上都是错误的。

毛泽东在《实践论》结束时这样写道："通过实践而发现真理，又通过实践而证实真理和发展真理。从感性认识而能动地发展到理性认识，又从理性认识而能动地指导革命实践，改造主观世界和客观世界。实践、认识、再实践、再认识，这种形式，循环往复以至无穷，而实践和认识之每一循环的内容，都比较地进到了高一级的程度。

这就是辩证唯物论的全部认识论，这就是辩证唯物论的知行统一观。"

在《矛盾论》中，文章着重论述了矛盾的特殊性。矛盾的普遍性和矛盾的特殊性的关系，就是矛盾的共性和个性的关系。毛泽东说，教条主义者不懂得必须研究矛盾的特殊性，拒绝对于具体事物做艰苦的研究工作，不用脑筋具体分析事物，不了解用不同的方法去解决不同的矛盾。因此，他们在领导中国革命中，不分析和研究中国国情，把共产国际的决议和苏联的经验生搬硬套于中国革命。他们把一般真理看成是凭空出现的东西，把它变成为人们所不能够捉摸的纯粹抽象的公式。结果，犯了教条主义的错误。

毛泽东还分析了主次矛盾和矛盾的主次方面。他指出：在复杂的事物的发展过程中，有许多的矛盾存在，其中必定有一种是主要的矛盾，它对事物起主导的、决定的作用，其他矛盾则处于次要的和服从的地位。当然，这种地位并不是一成不变的，随着过程阶段的推移，主要矛盾可能降为次要的，次要矛盾也有可能上升为主要的。"研究任何过程，如果是存在着两个以上矛盾的复杂过程的话，就要用全力找出它的主要矛盾。捉住了这个主要矛盾，一切问题就迎刃而解了。"他又指出：矛盾着的两个方面，其中必有一方面是主要的，他方面是次要的。由于事物发展过程中矛盾的双方斗争力量的增减，矛盾的主要方面和非主要方面可以互相转化。如果取得支配地位的矛盾的主要方面起了变化，事物的性质也就随着起着变化。对于矛盾的各种不平衡情况的研究，说明在领导革命时一定要坚持从实际出发的原则，一切以时间、地点、条件为转移。实际情况变了，主要矛盾和主要矛盾方面就会随之变化，共产党人的政策和策略也必须随之改变。

《实践论》和《矛盾论》在毛泽东思想的发展进程中占有重要的历史地位。这两篇论文从理论和实践的统一上，论证了马克思列宁主义普遍真理同中国革命实践相结合的重要性，为日后系统地提出实事求是的思想路线奠定了理论基础。这两篇论文又从思想方法论的高度指出党内发生"左"倾和右倾错误的原由，为延安整风，特别是对教条主义的批判作了重要准备。

如果说在红四军党内关于建军原则的一场争论后，毛泽东从红四军的实际出发，总结了经验和教训，在建党建军路线、政治路线和思想路线方面写下了《古田会议决议》、《星星之火，可以燎原》和《反对本本主义》等重要著作，标志着

毛泽东思想基本形成；那么，到陕北后写的《论反对日本帝国主义的策略》、《中国革命战争的战略问题》和《实践论》、《矛盾论》，标志着毛泽东思想已经形成。

4. 毛泽东思想的成熟

1938年9月29日～11月6日，六届六中全会在延安的桥儿沟天主教堂召开了。10月12日到14日，毛泽东代表中共中央向六中全会作了《论新阶段——抗日民族战争与抗日民族统一战线发展的新阶段》的政治报告。

毛泽东在六中全会报告中强调全党要普遍地深入地学习和研究马克思列宁主义理论，把马克思列宁主义同中国的具体特点相结合，反对教条主义。他指出："马克思列宁主义的伟大力量，就在于它是和各个国家具体的革命实践相联系的。对于中国共产党说来，就是要学会把马克思列宁主义的理论应用于中国的具体的环境，成为伟大中华民族的一部分，而和这个民族血肉相连的共产党员，离开中国特点来谈马克思主义，只是抽象的空洞的马克思主义。因此，使马克思主义在中国具体化，使之在其每一表现中带着必须有的中国的特性，即是说，按照中国的特点去应用它，成为全党亟待了解并亟须解决的问题。"

这段论述是毛泽东从亲身经历中国革命失败的痛苦教训中，从同党内各种错误倾向进行的斗争中得出的重要结论。他提出的"使马克思主义在中国具体化"的论断是他对中国革命最重要的贡献之一。它不仅指导了抗日战争的胜利，而且对后来指导中国革命和建设都有深远的意义。

一年之后，毛泽东连续发表了《〈共产党人〉发刊词》、《中国革命和中国共产党》、《新民主主义论》，完整阐述了新民主主义理论，回答了当时全国人民所关心的"中国向何处去"的问题。在上述三篇文章中，《新民主主义论》是代表之作。

在《〈共产党人〉发刊词》中，毛泽东从正反两方面系统地总结了中国共产党在第一次大革命时期、土地革命时期以及抗日战争初期如何进行新民主主义革命的丰富经验，将其上升为理论原则，提出了统一战线、武装斗争、党的建设，是中国共产党在中国革命中战胜敌人的三个法宝，三个主要的法宝。"三大法宝"之间的关系是，"统一战线和武装斗争，是战胜敌人的两个基本武器。统一战线，是实行武装斗争的统一战线。而党的组织，则是掌握统一战线和武装斗争这两个武器以实行对敌冲锋陷阵的英勇战士"。对中国共

产党人来说，"正确地理解了这三个问题及其相互关系，就等于正确地领导了全部中国革命"。1939年12月，毛泽东在《中国革命和中国共产党》一文中，进一步对中国社会和中国革命的根本问题作了全面的精辟的说明，第一次提出"新民主主义革命"这一科学命题，指出"所谓新民主主义革命，就是在无产阶级领导之下的人民大众的反帝反封建的革命"。

《新民主主义论》原为毛泽东1940年1月在陕甘宁边区文化协会第一次代表大会上所作的长篇演讲，原题为"新民主主义的政治与新民主主义的文化"。一个月后，毛泽东的这篇讲演首先在《中国文化》创刊号上发表，稍后几天在《解放》第98、99期合刊上登载时，题目改为"新民主主义论"。

在《新民主主义论》中，毛泽东实事求是地分析了中国社会的性质，具体阐明了中国革命的对象、步骤和任务。毛泽东指出："现在的中国，在日本占领区，是殖民地社会；在国民党统治区，基本上也还是一个半殖民地社会；而不论在日本占领区和国民党统治区，都是封建半封建制度占优势的社会。"这就是当时中国社会的性质，当时中国的特殊国情。这种社会性质，规定了当时中国社会的主要矛盾是帝国主义和中华民族的矛盾，封建主义和人民大众的矛盾。这一主要矛盾，决定了革命的对象是帝国主义和封建势力，革命的任务就是反帝反封建，从而也就决定了当时中国革命的性质，只能是民主主义的，而不能是社会主义的。革命的历史进程必须分两步走：第一步是民主主义革命，第二步是社会主义革命。

文章中，毛泽东还实事求是地分析了中国社会各阶级的历史地位及其相互关系，解决了中国新民主主义革命的领导权问题。

决定中国革命的成败及其发展方向的首要问题，是革命的领导权问题。但是在相当长的时间里，新民主主义革命的领导权问题没有得到解决。陈独秀认为，既然是资产阶级民主革命，那么就应该由资产阶级来领导，无产阶级只能当同盟军。王明打着共产国际的招牌，在抗日民族统一战线的问题上，放弃独立自主的原则，提出"一切经过统一战线，一切服从统一战线"心甘情愿地把领导权让给国民党。他们犯错误的一个重要原因，就在于他们不懂得或不承认资产阶级民主革命有新与旧的区别。毛泽东创造性地提出，在一定的具体历史环境中，究竟哪一个阶级居于领导地位，不是由人们的主观臆想所决定的，而是要看究竟

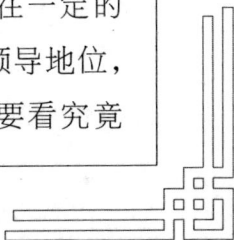

哪一个阶级是这个或那个时代的中心，决定着时代的主要内容、时代发展的主要方向、时代的历史背景的主要特点等。毛泽东从中国的国情出发，对中国社会各阶级的经济、政治状况，以及由此决定的各阶级的特点进行了具体分析。他指出，中国的新民主主义革命，只能是以无产阶级为领导、以建立各个阶级联合专政的新民主主义社会为目的的革命。因为中国无产阶级与最先进的经济形式相联系，是先进生产力的代表，他所受的剥削在世界各民族中是少见的，最富于革命的彻底性，又有其阶级的先锋队共产党的领导，有彻底的反帝反封建的纲领。农民则是中国革命的主要力量，因为中国的革命实质上是农民革命，领导农民革命是掌握领导权的中心问题。

革命发展有阶段之分，不能"毕其功于一役"。民主革命和社会主义革命在性质上是根本不同的，民主革命的基本任务是反帝反封建；社会主义革命的基本任务是消灭剥削制度和剥削阶级，只有完成了前一个革命过程才有可能去完成后一个革命过程，决不能把将来的社会主义的任务，硬合并到民主革命阶段上来完成，搞所谓"毕其功于一役"。如果"离开当前的实际条件、不完成反帝反封建的任务，社会主义是无从谈起的"。所以，毛泽东指出，"恶意的宣传家"的"'一次革命'论者，不要革命论也，这就是问题的实质"；同时又指出另一些"并无恶意的人们"的"一次革命论"是一种有害的主观空想，只会"混淆革命的步骤，降低对于当前任务的努力"。

共产主义的指导思想和各革命阶段的行动纲领是统一的，民主革命没有共产主义去指导决不会成功。共产主义作为一种社会制度，那是我们的最高理想。从人类社会发展的必然规律来说，共产主义一定要实现，但是必须经过若干革命和建设的阶段才能达到。因此，我们"既应把对于共产主义的思想体系和社会制度的宣传，同对于新民主主义的行动纲领的实践区别开来；又应把作为观察问题、研究学问、处理工作、训练干部的共产主义的理论和方法，同作为整个国民文化的新民主主义的方针区别开来"。

关于新民主主义的政治经济文化纲领，毛泽东认为，新民主主义的政治纲领是：建立无产阶级领导的、以工农联盟为基础的、几个革命阶级的联合专政。这个专政实行民主集中制的人民代表大会制度。新民主主义的经济纲领是：没收帝国主义和官僚资本的大银行、大工业、大商业归新民主主义的国家所有，这是属于社会主义性质

的经济，是整个国民经济的领导力量；实行耕者有其田，即没收地主的土地，分配给无地和少地的农民，并在此基础上发展具有社会主义因素的合作经济；实行节制资本的制度，允许有利于国计民生的私人资本主义经济的存在和发展。新民主主义的文化纲领是：无产阶级领导的人民大众的反帝反封建的文化，即民族的科学的大众的新文化。

《新民主主义论》是一篇具有严密的理论体系的文章，也是一篇有着很强论战性的文章。对这篇文章，毛泽东酝酿的时间很长，写作过程中反复修改，并征求过一些同志的意见。20多年后，他曾讲道："《新民主主义论》初稿写到一半时，中国近百年历史前八十年是一阶段、后二十年是一阶段的看法，才逐渐明确起来，因此重新写起，经过反复修改才定了稿。"

新民主主义理论的完整阐述，是马克思主义中国化的具体成果，它不仅展示了一条独特的中国革命道路，还描绘了一条独特的未来中国的发展道路。这个成果的形成表明，毛泽东已经无可争辩地处在了那个时代的前列。

5. 延安整风与实事求是的思想路线

当然，毛泽东的认识水平，决不代表全党的认识水平。全党真正接受和初步理解马克思主义中国化的问题，是在经历了1942年2月～1943年12月为彻底端正党的思想路线、政治路线和组织路线而开展的整风运动之后。

当时党的干部队伍状况还存在不少问题。在民族情绪高涨的情况下，成百上千的青年知识分子纷纷从国统区来到延安。到1942年年初，全国共有党员80万，党领导的军队（包括游击队）有57万，大部分是抗战以后加入革命队伍的。全党新党员、新干部占90%。他们没有经过内战，没有参加过长征，不熟悉共产主义的许多道理，不懂得阶级斗争是怎么一回事，虽然有不少人读了几年书，但只记得一些教条，不懂得马克思列宁主义是什么。

在开展延安整风运动以前，有两件事最能说明在全党普遍进行马克思主义思想教育的必要性。

一是1940年再版了王明《为中共更加布尔什维克化而斗争》的小册子。1930年9月中共党内六届三中全会以后，王明借反"立三路线"为名，打着彻底贯彻共产国际路线的旗号，于当年11月

写了《两条路线》，后改称《为中共更加布尔什维克而斗争》的小册子。这本小册子先是在王明的小宗派中传阅，接着就在1931年1月召开的中共党的六届四中全会上传布。由于这本小册子摘抄了大量的马克思列宁著作的词句和共产国际的指示，用教条主义吓唬了一部分人，在王明错误路线统治时期，这本小册子曾于1932年2月在上海正式出版，同年3月又在莫斯科再版。王明靠这本小册子起家、上台，又以这本小册子作为纲领，推行了一条比"立三路线"更"左"的冒险主义路线，在中共党内统治长达四年之久，贻误全党，危害极大。时隔八年之后，在经过了革命的严重失败和红军被迫长征这样大的历史曲折之后，在经过了1935年遵义会议，结束了王明路线的统治，确立了以毛泽东为首的党中央的正确领导之后，这本小册子居然还能在延安再版，这不能不使人感到惊异。这一方面说明王明本人对自己所犯的"左"倾路线错误和对中国革命所造成的严重危害还没有充分认识。另一方面也说明当时的许多党员对王明"左"倾冒险主义错误还认识不清，对披着马列主义外衣的教条主义的面目还没有识破，以致继续受这种假马克思主义者的蒙骗。

二是1940年12月，毛泽东为中共中央起草

《论政策》的党内指示，要求全党要总结由于在第一次大革命后期和土地革命后期的两个极端政策，使党和革命遭到极大损失的教训，在党的政策上区分两条路线的是非。可是，在讨论这个指示时，党内有些高级领导干部却认为，王明的"左"倾错误不是路线错误，而只是策略上的错误。这种情况说明，在党中央的领导干部，特别是在一些高级领导干部中，对党的历史经验教训还没有认真总结，认识还有分歧，尚未达到统一。同时还说明中共党的马克思列宁主义的水平还不高，王明错误路线对党的严重影响还远未消除。

为了彻底肃清王明的错误及其影响，分清路线是非；为了克服困难，认清复杂的形势，坚持抗战，争取最后的胜利，就必须在全党范围内进行一次普遍的马克思列宁主义的思想教育运动，转变作风。毛泽东说，如果我们全党干部在现在这个时期，在这一两年内，能够把作风有所改变，"把马列主义搞通，把主观主义反倒"，"扩大正风，消灭不正之风"，那么，"我们内部就能够巩固，我们的干部就能够提高"，"延安的干部教育好了，学习好了，现在可以对付黑暗，将来可以迎接光明，这个意义非常之大，我们这些学习好了的干部可以反对黑暗迎接光明，创造新世界，

这都是全国性的"。

1941年5月19日，毛泽东在中央宣传干部学习会上作《改造我们的学习》的报告。实际上，这是整风学习的动员。

他在报告中说，研究理论有两种互相对立的态度：一种是马克思列宁主义的态度，就是有目的地去研究马克思列宁主义的理论，为着解决中国革命的理论问题和策略问题而去从中找立场，找观点，找方法。另一种态度是主观主义的态度，就是抽象地无目的地去研究马克思列宁主义的理论，许多做研究工作的人对于研究今天的中国和昨天的中国一概没有兴趣，许多做实际工作的人往往单凭热情，把感想当政策。他们都凭主观，忽视客观实际事物的存在，夸夸其谈，自以为是。毛泽东说："这种作风，拿了律己，则害了自己；拿了教人，则害了别人；拿了指导革命，则害了革命。"这种反马克思列宁主义的主观主义的方法，"是共产党的大敌，是工人阶级的大敌，是人民的大敌，是民族的大敌，是党性不纯的一种表现"。

毛泽东在报告中突出地强调了"实事求是"的重要性，说明只有这种态度才是马克思列宁主义的态度。他对"实事求是"作了精辟的阐述：

"'实事'就是客观存在着的一切事物，'是'就是客观事物的内部联系，即规律性，'求'就是我们去研究。我们要从国内外、省内外、县内外、区内外的实际情况出发，从其中引出其固有的而不是臆造的规律性，即找出周围事变的内部联系，作为我们行动的向导。而要这样做，就须不凭主观想象，不凭一时的热情，不凭死的书本，而凭客观存在的事实，详细地占有材料，在马克思列宁主义一般原理的指导下，从这些材料中引出正确的结论。这种结论，不是甲乙丙丁的现象罗列，也不是夸夸其谈的滥调文章，而是科学的结论。这种态度，有实事求是之意，无哗众取宠之心。这种态度，就是党性的表现，就是理论和实际统一的马克思列宁主义的作风。这是一个共产党员起码应该具备的态度。"

广大干部的群众性整风运动分两大阶段进行。第一阶段是整顿作风，检查思想，按毛泽东的说法，这是无产阶级思想同小资产阶级思想斗争，整顿三风就是要去掉小资产阶级思想，转变为完全的无产阶级思想。这个阶段持续了一年多。在整风检查过程中出现了王实味的"托派"、"特务"问题，以及其他一些组织不纯的问题，引发出对干部队伍成分的怀疑，于是从 1943 年 4 月开始，

整风运动转入全党性的审查干部、清理队伍阶段。这一阶段进行了半年左右，直到 1943 年 9 月以后党的高级干部重新讨论党史路线问题才基本结束。

在思想整风阶段，毛泽东在 1942 年 2 月 1 日和 8 日先后在中央党校开学典礼上作了《整顿学风、党风、文风》（新中国成立后编《毛泽东选集》时改为《整顿党的作风》）和在中央宣传部干部会议上作了《反对党八股》的整风动员报告。

在报告中，毛泽东全面论述了整风的任务、内容、办法和意义。

他明确地指出："反对主观主义以整顿学风，反对宗派主义以整顿党风，反对党八股以整顿文风，这就是我们的任务。"他说，"党内的主观主义有两种，一种是教条主义，一种是经验主义"，"现在在我们党内还是教条主义更为危险"。"这两种主观主义，都是理论与实际相脱离的。""马克思列宁主义理论和中国革命实际，怎样互相联系呢？拿一句通俗的话来讲，就是'有的放矢'。""马克思列宁主义之箭，必须用了去射中国革命之的。这个问题不讲明白，我们党的理论水平永远不会提高，中国革命也永远不会胜利。"

关于整风的意义，毛泽东强调："只要我们党的作风完全正派了，全国人民就会跟我们学。党外有这种不良风气的人，只要他们是善良的，就会跟我们学，改正他们的错误，这样就会影响全民族。只要我们共产党的队伍是整齐的，步调是一致的，兵是精兵，武器是好武器，那么，任何强大的敌人都是能被我们打倒的。"

关于整风的方针和方法，毛泽东提出八个大字"惩前毖后，治病救人"作为整风的宗旨。具体讲就是："对以前的错误一定要揭发，不讲情面，要以科学的态度来分析批判过去的坏东西，以便使后来的工作慎重些，做得好些。""但是我们揭发错误、批判缺点的目的，好像医生治病一样，完全是为了救人，而不是为了把人整死。""惩前毖后，治病救人"这八个字成为党内对待犯错误的同志采取的正确方针。它的方法是开展批评和自我批评，做耐心细致的思想工作。毛泽东说："这个工作决不是痛快一时，乱打一顿，所能奏效的。对待思想上的毛病和政治上的毛病，决不能采用鲁莽的态度。"他强调要好好地说理，说这个工作"做起来必须得当，就是说，要好好地说理。如果说理说得好，说得恰当，那是会有效力的"。

整风过程中，毛泽东写了《改造我们的学习》、《整顿党的作风》、《反对党八股》、《〈农村调

查〉的序言和跋〉；刘少奇写了《论共产党员的修养》和《论党内斗争》；陈云写了《怎样做一个共党员》；中共中央作出了《关于增强党性的决定》和《关于调查研究的决定》等。这些著作和文献和毛泽东的著作一共 22 篇，构成了延安整风学习的基本文件。在毛泽东和中共中央的一系列著作和文献中，系统地阐明了一切从实际出发、实事求是、理论联系实际的辩证唯物主义的思想路线。这是在中国共产党内进行的一次普遍的马克思列宁主义的教育运动。经过延安整风，从思想和世界观上解决了中共党内的马克思主义与非马克思主义思想之间的矛盾、无产阶级思想和非无产阶级思想之间的矛盾；全党真正找到了马克思列宁主义的普遍真理与中国革命具体实践相结合的道路，使中共党的马克思列宁主义的路线和一整套方针、政策，都达到了完整、系统的程度；全党形成了理论联系实际、密切联系群众、批评与自我批评的优良作风，培养和锻炼了一大批各级各类的能掌握党的路线方针政策、密切联系群众并能组织和带领群众前进的干部。延安整风运动丰富和发展了毛泽东思想，在毛泽东思想发展史上是一个重要的内容。

6. 毛泽东思想指导地位的确立

1945 年 4 月 23 日下午，中国共产党第七次全国代表大会在延安杨家岭中央礼堂开幕了。在中央礼堂的主席台正中，悬挂着毛泽东和朱德的画像。上方是一行红底黄字的标语："在毛泽东的旗帜下胜利前进！"

在暴风雨般的掌声中，毛泽东致开幕词，这就是收入《毛泽东选集》第 3 卷的《两个中国之命运》。他指出："我们这次大会是关系全中国四亿五千万人民命运的一次大会。中国之命运有两种：一种是有人已经写了书的（作者注：指蒋介石的《中国之命运》）；我们这个大会是代表另一种中国之命运，我们也要写一本书出来。我们这个大会要打倒日本帝国主义，把全中国人民解放出来。这个大会是一个打败日本侵略者、建设新中国的大会，是一个团结全中国人民、团结全世界人民、争取最后胜利的大会。""在中国人民面前摆着两条路，光明的路和黑暗的路。有两种中国之命运，光明的中国之命运和黑暗的中国之命运。"面对这样的两条道路和两种命运，中国共产党的选择和方针是什么呢？毛泽东坚定不移地回答："我们应当用全力去争取光明的前途和光明的

命运，反对另一种黑暗的前途和黑暗的命运。"
"我们的任务不是别的，就是放手发动群众、壮大
人民力量、团结全国一切可能团结的力量，在我
们党领导之下，为着打败日本侵略者，建设一个
光明的新中国，建设一个独立的、自由的、民主
的、统一的、富强的新中国而奋斗。"

4月24日，由毛泽东向大会作政治报告。他
写了一个书面政治报告，即《论联合政府》，发给
大会代表，每人一册。这个书面报告，分析了国
际国内形势，总结了抗战中两条路线的斗争，阐
述了中国共产党的一般纲领和具体纲领，并指出
了中国人民应当争取打败侵略者、建设新中国的
前途。书面报告的内容很丰富。其中深邃的思想、
精辟的分析、严谨的逻辑和高屋建瓴的气势非常
吸引人。

这个报告在档案文献里也叫"政治报告"。它
主要讲了三个问题。

第一，关于路线问题。毛泽东说：七大的路
线是放手动员群众，壮大人民力量，在中国共产
党领导下打倒日本帝国主义，解放全国人民，建
立新民主主义的中国。我们党历来的路线用一句
话讲，就是"无产阶级领导的人民大众的反帝反
封建的革命"。毛泽东特别强调了农民问题的重要

性。他说："所谓人民大众，最主要的部分是农民。所谓人民战争，就是农民战争，基本上主要的就是农民战争。忘记了农民就没有中国民主革命，也就没有一切革命。""马克思主义的书读得很多，但是要注意不要把'农民'这两个字忘记了。这两个字忘记了，就是读一百万册马克思主义的书，也是没有用处的。"

第二，关于政策问题。毛泽东讲了11条，最要紧的有两条。一条是继续解释发展资本主义的问题。毛泽东说：新民主主义的经济就包括"要广泛发展资本主义"。"我们不要怕发展资本主义。俄国十月革命之后，还有一个时期让资本主义当作部分经济而存在，而且还是很大的一部分。"我们的同志急得很，"不要急嘛"。毛泽东这样反复强调发展资本主义问题，是因为他敏锐地看到了党内存在害怕资本主义的倾向，这妨碍对新民主主义政策的认识和实施。在党内，这种思想会经常冒出来，需要保持警惕。另一条是准备转变问题，即由游击战转变到正规战，由乡村转变到城市。毛泽东说，"现在就是用很大的力量转到城市，准备到城市做工作，准备夺取大城市"，"像北平、天津这样大的三五个中心城市，我们八路军就要到那里去，一定要在那里开'八大'。有人

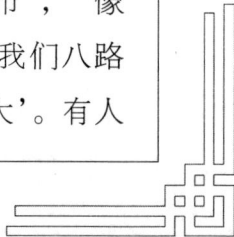

说，这是机会主义，恰恰相反，如果'八大'还要在延安开会，那就近乎机会主义了"。

第三，关于党内问题，实际上是党的建设问题。毛泽东讲的方面很多。他首先讲了个性与共性问题。因为有人说共产党要消灭个性，只要党性。毛从哲学方法的角度批驳了这种观点，指出：党员是有种种不同的差别的，抹杀各种不同的差别是不行的。抹杀差别性就没有统一性。党性就是共同性、普遍性，个性就是不同性、差别性。没有一个普遍性不建立在差别性的基础上。毛泽东还谈到干部问题。他强调了知识分子的作用，说：一个阶级革命要胜利，没有知识分子是不行的。整风审干时你把知识分子压低了一点，有点不公平，我们这个大会要把它扶正，欢迎知识分子为党的利益、人民的利益而奋斗。毛泽东还十分重视干部团结问题，提出要肃清山头主义，"就要承认山头、照顾山头，这样才能缩小山头、消灭山头"。这样才能很好地团结，走向胜利。

5月14日、15日，刘少奇作了关于修改党章的报告，他在会上讲了两天。整个报告很精彩，特别是对作为党的指导思想——毛泽东思想的阐述，非常精辟，在刘少奇作的修改党章报告中说，毛泽东思想，就是马克思列宁主义的理论与中国革命的实际之统一的思想，就是中国的共产主义，中国的马克思主义。毛泽东思想，就是马克思主义在目前时代的殖民地、半殖民地、半封建国家民族民主革命中的继续发展，就是马克思主义民族化的优秀典型……它是中国无产阶级与全体劳动人民用以解放自己的唯一正确的理论与政策。

中共七大经过讨论，一致通过把毛泽东思想作为全党的指导思想，写入党的章程。6月11日通过的《中国共产党党章》，第一章中规定：每个党员要"努力提高自己的觉悟程度和领会马克思列宁主义、毛泽东思想的基础"。在总纲部分中又明确写上："中国共产党以马克思列宁主义的理论与中国革命实践之统一的思想——毛泽东思想，作为自己一切工作的指针，反对任何教条主义的经验主义的偏向。"为此，毛泽东思想作为中国共产党的指导思想的地位便用法律的程序，以中央党的纲领的形式正式确定下来。

在七大期间，毛泽东开始不同意七大党章中的某些提法，他明确指出："决议案上把好事都挂在我的帐上，所以我对此要发表点意见。写成代表，那还可以，如果只有我一个人，那就不成其为党了。"经过全党的酝酿讨论和修改，他才接受了全党的意见和建议，同意用毛泽东思想这个概

念来为中国化的马克思主义理论体系命名和以毛泽东思想作为全党指导思想的规定。

毛泽东思想被确定为中国共产党的指导思想，是毛泽东思想史上的一个重要里程碑。从此，中国共产党在毛泽东思想的指引下，领导中国人民取得革命和建设的一个又一个的伟大胜利，毛泽东思想成为全党、全中国人民的强大的思想武器。

（五）解放战争时期，
毛泽东思想的丰富发展

1946 年 6 月 26 日，国民党军队 22 万人进攻中原解放区，全面内战爆发。经过一年多的作战，人民军队先后挫败国民党的全面进攻和重点进攻，使战争形势发生了有利于人民的变化。1948 年上半年，人民解放军在各个战场上向国民党军继续展开进攻，歼灭大量敌人，打破了敌人的分区防御。同年秋天，敌我力量对比已发生了根本变化，人民解放战争进入夺取全国胜利的战略决战阶段。

1949 年 3 月 5～13 日，在西柏坡中共中央的大伙房里，党的七届二中全会召开了。在大会的开幕式上，毛泽东作了重要报告，提出了夺取全国胜利和在胜利之后的政治、经济、外交等方面的基本方针；提出了党的工作重心的转移问题。他说："从现在起，开始了由城市到乡村并由城市领导乡村的时期，党的工作重心由乡村转移到了城市。"毛泽东还强调了党在城市工作的中心是恢复和发展生产。这就在理论上和实践上解决了中国革命的转变问题，其要点是：（1）彻底摧毁旧的国家机器，把帝国主义侵略势力赶出中国去，建立人民民主专政的国家政权；（2）党的工作重心由乡村转移到城市，由主要领导战争转到主要领导经济建设；（3）根据中国现代化工业只占百分之十，农业手工业占百分之九十的经济状况，提出了在一段时期内将存在着社会主义性质的国营经济、半社会主义性质的合作社经济、私人资本主义、个体经济、国家资本主义经济五种经济成分，确定了稳步地把中国由农业国变为工业国的战略、策略和具体政策；（4）要求共产党人一定要学会在城市和敌人作各种斗争，特别是要学会管理国家经济。

毛泽东在报告中还特别警告全党，全国革命胜利以后，资产阶级的"糖衣炮弹"将成为我们所面临的主要危险。他说："可能有这样一些共产

党人，他们是不曾被拿枪的敌人征服过的，他们在这些敌人面前不愧英雄的称号；但是经不起人们用糖衣裹着的炮弹的攻击，他们在糖弹面前要打败仗。我们必须预防这种情况。夺取全国胜利，这只是万里长征走完了第一步。"

那么，中国人民在推翻国民党反动统治以后，要建立一个什么性质的国家，这是人们十分关心的问题。为了统一全国人民对新中国国家政权性质的认识，1949年6月，毛泽东写了《论人民民主专政》这篇著名的论文，系统地、完整地论述了人民民主专政的思想，提出了人民民主专政的最完整的公式："总结我们的经验，集中到一点，就是工人阶级（经过共产党）领导的以工农联盟为基础的人民民主专政。这个专政必须和国际革命力量团结一致。这就是我们的公式。这就是我们的主要经验，这就是我们的主要纲领。"《论人民民主专政》这一重要历史文献，奠定了中国人民民主专政的理论基础和政策基础。1949年9月21日，在北平召开了中国人民政治协商会议第一届全体会议。会议通过的《中国人民政治协商会议共同纲领》中规定："中国人民民主专政是中国工人阶级、农民阶级、小资产阶级、民族资产阶级及其爱国民主分子的人民民主统一战线的政权，而以工农联盟为基础，以工人阶级为领导。"

1949 年 8～9 月，毛泽东又写了《丢掉幻想，准备斗争》、《别了，司徒雷登》、《为什么要评白皮书》、《"友谊"，还是侵略?》、《唯心历史观的破产》等文章，他运用马克思列宁主义的理论，深刻揭露了美帝国主义对华政策的阶级本质；批判了党内外某些动摇观望的错误认识和对美帝的幻想，深刻地总结了中国人民长期同帝国主义斗争的经验，概括出革命和反革命两种截然不同的逻辑，并对中国革命的发生和胜利的原因作了科学的分析。

解放战争时期，历史向中国共产党人提出了直接领导中国革命由新民主主义向社会主义实行战略转变的任务。以毛泽东为代表的中国共产党人，在马克思主义科学理论的指导下，根据革命斗争的实践的要求和中国革命两个阶段的理论，出色地完成了战略转变的历史使命，保证了中国革命事业的顺利发展，并在这个过程中，极大地丰富和发展了马克思列宁主义的理论宝库。

（六）新中国成立之初，
社会主义改造与毛泽东思想的应用

1. 过渡时期总路线的提出

新中国成立后，恢复国民经济、进行社会主义改造和社会主义建设的任务先后摆在党的面前。党在完成这些任务的基础上，把毛泽东思想发展到新的高度。其中既有对已经形成的新民主主义理论的丰富和完善，更有在新的实践基础上形成的关于社会主义革命和社会主义建设的正确的理论原则和经验总结。主要是：关于政策和策略的理论原则、关于党的工作重心由乡村转到城市的思想、关于人民民主专政的思想、关于从新民主主义向社会主义转变的思想、关于调动一切积极因素建设社会主义国家的思想、关于社会主义建设和中国工业化道路的思想、关于正确处理人民内部矛盾的思想、关于社会主义民主政治和执政党建设的思想、关于社会主义文化建设的思想等。

中华人民共和国成立以后，经过三年的经济

恢复时期，人民民主专政的政权得到巩固，国民经济状况基本好转，国际形势也不断朝着有利于我国社会主义建设的方面发展。这样，社会主义改造和建设的总任务、总路线就迫切地提到了全党和全国人民面前。

对于新中国的建设问题，毛泽东早就在思索着。按照马克思的社会发展理论，民主革命胜利后，需要有一个过渡阶段。根据现存的文献记载，新中国成立后毛泽东最早提出向社会主义过渡的问题，是在1952年9月24日中共中央书记处会议上。他说："十年到十五年，基本上完成社会主义，不是十年以后才过渡到社会主义。二中全会提出限制和反限制，现在这个内容就更丰富了。工业，私营占百分之三十二点七，国营占百分之六十七点三，是三七开；商业零售是倒四六开。再发展五年比例会更小（资小我大），但绝对数字（指资）仍会有些发展，这还不是社会主义。五年以后如此，十年以后会怎么样？十五年以后会怎么样？要想一想。"

1953年2月27日，毛泽东在中央书记处会议上谈到他视察湖北时与孝感地委负责同志的一次谈话，再次提出了他对过渡问题的思考。他说：什么叫过渡时期？过渡时期的步骤是走向社会主

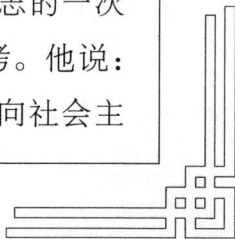

义。我给他们用扳指头的办法解释，类似过桥，走一步算是过渡一年，两步两年，三步三年，十年到十五年走完。我让他们把这话传到县委书记、县长。在十年到十五年或者更多一点时间内，基本上完成国家工业化及对农业、手工业、资本主义工商业的社会主义改造。要水到渠成，防止急躁情绪。

1953 年年初，中共中央组织了一次大规模的调查研究活动。这次调查研究活动的目的是了解新中国成立以来资本主义工商业发展的基本情况，以便确立对资本主义工商业的具体政策。中央专门成立了由国家计委和工商管理局人员组成的工作组，工作组负责人是中共中央统战部部长李维汉。5 月，调查工作结束后，李维汉向中共中央及毛泽东提交了一份题目为"资本主义工业中的公私关系问题"的报告。在提交这份报告的同时，李继汉还给中央及毛泽东写了一份有关这份报告的说明信，信中特别提到了当时党中央和毛泽东颇为关心的国家资本主义的问题。李维汉提交的调查报告和给中央及毛泽东的这封信，引起中央和毛泽东的高度重视。调查报告及说明信，不仅有大量的事实根据，还取得了一些新的理论成果，尤其是对通过国家资本主义改造资本主义工商业道路的肯定，指明了资本主义企业逐步过渡到社会主义企业的具体途径。

毛泽东阅完报告和信后，即刻在报告上批示："党的任务是在十年至十五年或者更多一些时间内，基本上完成国家工业化和社会主义的改造。所谓社会主义改造的部分：（一）农业；（二）手工业；（三）资本主义企业。"根据毛泽东的提议，6月15日，中央政治局召开会议，专门讨论李维汉提交的调查报告。与会者都认为这个报告很好，澄清了认识，拓展了思路。

在这次政治局会议上，毛泽东发表了讲话。他说："党的过渡时期的总路线和总任务，是要在十年到十五年或者更多一些时间内，基本上完成国家工业化和对农业、手工业、资本主义工商业的社会主义改造。这条总路线是照耀我们各项工作的灯塔。不要脱离这条总路线，脱离了就要发生'左'倾或右倾的错误。"在6月15日的政治局会议后，中央召开了全国财经工作会议，毛泽东在修改周恩来为这次会议所作的报告中，将自己对总路线的概括加上了时间上的限定，增加了"从中华人民共和国成立，到社会主义改造基本完成，这是一个过渡时期"。并将十年到十五年的表述，修改为"是要在一个相当长的时间内"。

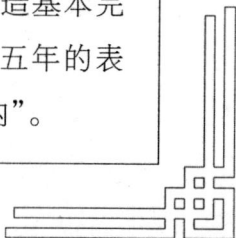

　　1953 年 12 月，中共中央宣传部拟定了《为动员一切力量把我国建设成为一个强大的社会主义国家而斗争——关于党在过渡时期总路线的学习和宣传提纲》。提纲经过毛泽东修改后，由中共中央发布全国。提纲对过渡时期的总路线作了最完备的表述。提纲指出："从中华人民共和国成立，到社会主义改造基本完成，这是一个过渡时期。党在这个过渡时期的总路线和总任务，是要在一个相当长的时期内，逐步实现国家的社会主义工业化，并逐步实现国家对农业、对手工业和对资本主义工商业的社会主义改造。这条总路线是照耀我们各项工作的灯塔，各项工作离开它，就要犯右倾或'左'倾的错误。"

　　毛泽东提出并倡导的这条过渡时期的总路线，包含着马克思主义的革命转变和社会转变原理，是在历史唯物主义指导下的一条中国社会主义革命和社会主义建设同时并举的路线。这是一个鼓舞人的目标。过渡时期总路线学习和宣传提纲发布以后，一个更大规模的学习和宣传活动在全国蓬勃兴起，极大地推动了经济建设和社会主义改造事业的发展。

2. 正确处理社会主义建设中的全局性关系

毛泽东说过：解放后十一年，我做过两次调查。一次是为农业合作化的问题，看过一百几十篇材料，每省有几篇，出了一本书，叫作农村社会主义高潮。每篇都看，有些看过几遍，研究他们为什么搞的好……又一次是十大关系，那是经过两个半月和三十四个部门讨论。每天一个部或两天一个部，听他们的报告，跟他们讨论，然后得出十大关系的结论。毛泽东所说的第二次调查，就是在苏共二十大开幕的那一天开始进行的。

1956 年年初，毛泽东从杭州刚刚回到北京，得知刘少奇为起草八大报告正在听取国务院一些部委汇报工作。毛泽东对这个消息立刻产生了浓厚兴趣，认为这种调查的形式很好，很有意义。因此，指示一些部门来汇报。很快，29 个部委行局加国务院主管经济工作的 5 个办公室被告之准备材料，以便近期向毛泽东汇报工作。

工作汇报是在 2 月 14 日开始的。关于这次汇报情况，中央办公厅秘书局编写的《中央大事记》每天都有详细记载。由于汇报工作安排得很紧，因此，在听取汇报的日子里，毛泽东十分疲惫。

尽管很辛苦，但为期两个多月的工作汇报，

不仅使毛泽东对国民经济状况有了一个基本了解，还形成了一个更直接、更具体的成果，这就是对十大关系问题的准确论证。

毛泽东第一次作"论十大关系"的报告是在4月25日政治局召开的扩大会议上，这个会议恰在第一轮各主要部委办工作汇报结束后的第3天。

在报告的开篇，毛泽东就指出：最近几个月，中央政治局听了中央工业、农业、运输业、商业、财政等三十四个部门的工作汇报，从中看到一些有关社会主义建设和社会主义改造的问题。综合起来，一共有十个问题，也就是十大关系。

十大关系所涉及的十个问题是：重工业和轻工业、农业的关系；沿海工业和内地工业的关系；经济建设和国防建设的关系；国家、生产单位和生产者个人的关系；中央和地方的关系；汉族和少数民族的关系；党和非党的关系；革命和反革命的关系；是非关系；中国和外国的关系等。这十个问题各有侧重，但整个报告的主旨是非常明确的，这就是以苏联为鉴戒，总结我国已有的经验，调动党内外、国内外的一切积极因素，努力把我国建设成为一个强大的社会主义国家。

这个讲话的题目因此叫"论十大关系"。讲话的前5节说的是经济问题（其实第五节既属经济范畴，又属政治范畴，因为它讲的是分权），讲话的后 5 节说的是政治和思想文化问题。

5 月 2 日上午，毛泽东召集最高国务会议，再次作了《论十大关系》的讲话，这次讲话补充了政治局扩大会议讨论和省市委书记汇报会提出的一些意见。两次讲十大关系的记录，10 个小标题相同，但内容有所不同。

历史证明，在中国社会主义制度即将建立起来的历史关头，《论十大关系》在推动中国共产党探索自己的社会主义道路上所产生的作用几乎是立竿见影的。文章中的思想和原则，成为了 4 个月后召开的党的第八次代表大会的指导思想，而党的第八次代表大会则以正确的政治路线、组织路线和思想路线，成为中国共产党探索中国社会主义建设道路的里程碑。

9 月 15 日，位于北京太平桥大街的政协礼堂里，党的第八次全国代表大会隆重开幕了。毛泽东作开幕词后，刘少奇代表第七届中央委员会作《中国共产党中央委员会向第八次全国代表大会的政治报告》。报告的主要内容包括四个方面：其一，社会主义改造基本完成后，党的根本任务；其二，社会主义建设的指导方针；其三，改进国家工作，加强人民民主专政；其四，新形势下，

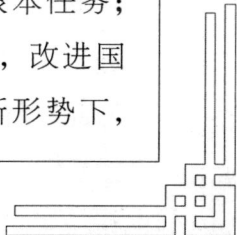

党的建设的方向。

报告概括了社会主义改造结束后，国内外所发生的一系列根本变化，指出，"现在，革命的暴风雨时期已经过去了，新的生产关系已经建立起来，斗争的任务已经变为保护社会生产力的顺利发展"，因此，"我们党现时的任务，就是要依靠已经获得解放和已经组织起来的几亿劳动人民，团结国内外一切可以团结的力量，充分利用一切对我们有利的条件，尽可能迅速地把我国建设成为一个伟大的社会主义国家"。

报告在肯定社会主义改造和第一个五年计划所取得的辉煌成就的基础上，总结经验教训，清醒地指出："党中央委员会建议的第二个五年计划的发展速度是积极的，同时又是稳妥可靠的。发展速度必须是积极的，以免丧失时机，陷入保守主义的错误；又必须是稳妥可靠的，以免脱离经济发展的正确比例，使人民的负担过重，或者使不同的部门相互脱节，使计划不能完成，造成浪费，那就是冒险主义的错误。"

报告强调，为了适应社会主义改造和建设的新形势，目前在国家工作中的一个重要任务，是进一步扩大民主生活，开展反对官僚主义的斗争，为此，就要加强党对国家机关的领导和监督；加强全国人民代表大会和它的常务委员会对中央一级政府机关的监督和地方各级人民代表大会对地方各级政府的监督；加强各级政府机关由上而下和由下而上的监督。

连续 4 小时的政治报告不断被掌声所打断，政治报告以一系列新的论断，统一了全党思想，指明了未来的方向。刘少奇后来说："党中央委员会向八届全国代表大会第一次会议的工作报告，就是根据毛泽东同志关于处理十大关系的方针政策而提出的。"

在我国历史的转折关头，由毛泽东主持召开的中国共产党第八次全国代表大会，遵循马克思列宁主义普遍原理与中国革命和建设的具体实际相结合的原则，科学地总结了我国革命和建设的基本经验。正确地分析了社会主义改造基本完成后我国形势和社会主要矛盾的变化，适时地提出了把全党的工作重心从革命转移到建设上来的战略决策，全面地制定了尽快把我国建设成为一个伟大的社会主义强国的路线、方针和政策，它为新时期社会主义事业的发展和党的建设指明了方向，为探索适合我国国情的社会主义建设道路做出了重要贡献。

（七）社会主义建设与
毛泽东思想的曲折发展

1. 毛泽东关于正确区分和处理两类不同性质矛盾的理论

党的八大后，随着社会主义改造高潮的迅速到来，社会主义改造中出现的一系列要求过急、工作过粗的问题开始显著地暴露出来。入社后农民的生活水平下降、对改造后的资本家安排使用不当、商业网点和花色品种减少等问题表现得相当突出，在一些地方已经造成了政府与群众之间的对立。中国共产党面临着新中国成立以来第一次风波。

还在 1956 年年初，毛泽东就对社会主义是否存在矛盾问题有了思考。最初是作为探索中国社会主义建设道路的一个方面提出来的。

在《论十大关系》的最后总结中，毛泽东就指出：这十种关系，都是矛盾。世界是由矛盾组成的。没有矛盾就没有世界。我们的任务，是要正确处理这些矛盾。后来在审改八大政治报告时，他在八大"党的领导"这一节加了一段话，将社会主义社会的矛盾问题提得更加明确了："资产阶级和小资产阶级的残余思想消灭以后，社会中的生产力与生产关系的矛盾，人们的主观和客观世界的矛盾，是永远存在的，这又是人们永远都有犯错误的可能性的原因。"

1957年2月27日，最高国务会议第十一次会议召开。在会上，毛泽东以"关于正确处理人民内部矛盾的问题"为题讲了长长的十二个问题。一、两类性质矛盾；二、肃反问题；三、农业合作化；四、资本主义工商业改造；五、知识分子和青年学生；六、增产节约，反对铺张浪费；七、统筹兼顾，适当安排；八、百花齐放，百家争鸣，长期共存，相互监督；九、如何处理罢工罢课游行示威等问题；十、人民闹事出乱子是坏事还是好事；十一、少数民族与大汉民族的关系问题；十二、中国有可能在三四个五年计划内根本改变面貌。

这十二个题目与后来公开发表的《关于正确处理人民内部矛盾的问题》的十二个标题有所不同。这是因为，这次讲话后，毛泽东对讲话内容作了很多的补充和修改。

在以后的两个月时间里，毛泽东在一些重要场合进一步阐述关于正确处理人民内部矛盾问题的思想，并且广泛听取各方面的意见。6 月 19日，《人民日报》头版头条全文刊登了经过反复修改定稿的《关于正确处理人民内部矛盾的问题》。毫无疑问，《关于正确处理人民内部矛盾的问题》是毛泽东探索社会主义建设规律的辉煌成果。它丰富和发展了科学社会主义理论，为社会主义国家处理政治生活等一系列问题提供了指导准则。

毛泽东首先承认社会主义社会依然存在矛盾，认为社会基本矛盾依然是生产关系和生产力之间、上层建筑与经济基础之间的矛盾，他说："社会主义生产关系已经建立起来，它是和生产力的发展相适应的；但是，它又还很不完善，这些不完善的方面和生产力的发展又是相矛盾的。除了生产关系和生产力发展的这种又相适应又相矛盾的情况以外，还有上层建筑和经济基础的又相适应又相矛盾的情况。"在社会领域，毛泽东指出，"在我们的面前有两类社会矛盾，这就是敌我之间的矛盾和人民内部的矛盾"，"敌我之间的矛盾是对抗性的矛盾。人民内部的矛盾，在劳动人民之间说来，是非对抗性的；在被剥削阶级和剥削阶级的之间说来，除了对抗性的一面以外，还有非对抗性的一面"。"一般说来，人民内部的矛盾，是在人民利益根本一致的基础上的矛盾。"两类不同性质的矛盾，解决的方法不同。对敌我矛盾实行专政的方法，对人民内部矛盾以民主的方法解决。

与 2 月 27 日的发言提纲相比，公开发表的《关于正确处理人民内部矛盾的问题》增加了几部分重要内容。

关于在新形势下党的根本任务问题，公开发表稿上作了这样的增补"我们的根本任务由解放生产力变为在新的生产关系下面保护和发展生产力"，因此，"在这个时候，我们提出划分敌我和人民内部两类矛盾的界线，提出正确处理人民内部矛盾的问题，以便团结全国人民进行一场新的战争——向自然界开战，发展我们的经济，发展我们的文化，使全体人民比较顺利地走过目前的过渡时期，巩固我们的新制度，建设我们的新国家，就是十分必要的了"。这个增补，将正确处理人民内部矛盾的目的和意义与八大提出的基本任务联系了起来，清楚地表明了两者之间的继承和发展的关系。

关于阶级斗争的形势，公开稿中也有一段增补："在我国，虽然社会主义改造，在所有制方面说来，已经基本完成，革命时期的大规模的急风

暴雨式的群众阶级斗争已经基本结束，但是，被推翻的地主买办阶级的残余还是存在，资产阶级还是存在，小资产阶级刚刚在改造。阶级斗争并没有结束。无产阶级和资产阶级之间的阶级斗争，各派政治力量之间的阶级斗争，无产阶级和资产阶级之间在意识形态方面的斗争，还是长时期的、曲折的，有时甚至是很激烈的。无产阶级要按照自己的世界观改造世界，资产阶级也要按照自己的世界观改造世界。在这一方面，社会主义和资本主义之间谁胜谁负的问题还没有真正解决。"这一段补充，揭示了社会主义内部矛盾的复杂性，指出了阶级斗争在新的形势下的一些新特点。从实践看，这段话在很长一段时间里成了认识社会主义社会内部阶级斗争的基本观点。

在正式的公开发表中，毛泽东还将辨别香花、毒草的六条政治标准补充了进去。"（一）有利于团结全国各族人民，而不是分裂人民；（二）有利于社会主义改造和社会主义建设，而不是不利于社会主义改造和社会主义建设；（三）有利于巩固人民民主专政，而不是破坏或者削弱这个专政；（四）有利于巩固民主集中制，而不是摆脱或者削弱这个制度；（五）有利于巩固共产党的领导，而不是摆脱或者削弱这种领导；（六）有利于社会主义的国际团结和全世界爱好和平人民的国际团结，而不是有损于这些团结。这六条标准中，最重要的是社会主义道路和党的领导两条。"提出这六条标准，就是为正确处理人民内部矛盾提供了一条可资参照的准绳。

《关于正确处理人民内部矛盾的问题》是在中国社会主义制度刚刚建立、社会主义内部矛盾初步有所暴露的形势下形成了的理论成果，当然还存在一些不足和根据实践的发展需要继续完善的部分。但是，在当时整个社会主义阵营陷入动荡的情况下，毛泽东富有建设性的探索，为所有社会主义国家提供了一条认识社会主义社会矛盾的基本思路，对各社会主义国家解决本国存在的相关问题起到了积极的借鉴作用。

到 1957 年上半年，毛泽东对中国社会主义社会建设道路的探索，基本上是沿着一条正确的轨道在发展，一些规律性问题的认识和阐述，不仅丰富和发展了马克思主义理论，而且也成了毛泽东思想在社会主义时期的一个发展高潮。

2. 阶级斗争扩大化理论的出现

社会主义改造完成后，为了适应全面开始社会主义建设的新形势和新要求，中国共产党于

1957 年春发起了以正确处理人民内部矛盾为主题，以反对主观主义、官僚主义和宗派主义为主要内容的整风运动。1957 年 4 月 27 日，中共中央《关于整风运动的指示》正式下达后，中共中央统战部等党政机关、《光明日报》等报刊编辑部、各高等院校、科研机构、文艺部门以及其他知识分子比较集中的单位，纷纷于 5、6 月间邀请民主人士和非党知识分子召开各种各样的座谈会，鼓励他们向执政党提意见，帮助共产党整风。不少党外人士确实给党提出了许多有益的意见，但也有极少数人散布否定共产党的领导和社会主义制度的错误言论。这些言论涉及根本的大是大非问题，因此，对这种错误思潮和右派分子的进攻进行批判和反击是必要的。

但是，毛泽东过分严重地估计了形势，过分夸大了中国社会阶级斗争的状况，认为社会上，尤其是知识分子中间存在着一股颇有势力的反党反社会主义的资产阶级右派分子，他们和人民的矛盾是敌我矛盾，是对抗性的不可调和的你死我活的矛盾。毛泽东认为，反击右派分子的猖狂进攻是一个伟大的政治斗争和思想斗争，是一个在政治战线和思想战线上的伟大的社会主义革命，因而必须深入开展，决不可以草草收兵。

在上述思想指导下，反右派斗争犯了严重扩大化的错误。反右派斗争扩大化是党在探索中国式的社会主义建设道路的历程中所犯的第一个重大错误。其严重性不仅在于打击面宽了，把一批知识分子、爱国人士甚至党内干部错误地划为右派分子，误伤了许多同志和朋友；还严重损害了党的实事求是的传统，破坏了党内和人民内部的民主生活，中断了社会主义民主政治建设的进程。更重要的是，由错误的实践所导出的错误理论，其影响既巨且深，关乎此后 20 年间党对整个社会主义建设事业的认识和实践。

在反右派斗争后，理论认识上的重大失误有三个方面：

一是改变了八大一次会议关于社会主义主要矛盾的正确论断，重新肯定无产阶级与资产阶级之间的矛盾是社会主义社会的主要矛盾。使党的指导思想开始出现"左"的偏差。毛泽东在 1957 年 9～10 月间召开的八届三中全会上指出："无产阶级和资产阶级的矛盾，社会主义道路和资本主义道路的矛盾，毫无疑问，这是当前我国社会的主要矛盾。"

二是改变了关于社会阶级关系状况的正确分析，提出了还存在两个剥削阶级的论点。八大二

次会议宣布，我们社会有"两个剥削阶级两个劳动阶级"；右派分子同被打倒了的地主买办阶级和其他反动派被称为一个剥削阶级，正在逐步地接受社会主义改造的民族资产阶级和其他的知识分子被称为另一个剥削阶级；工人和农民是两个劳动阶级。这就改变了八大一次会议关于我国社会阶级关系的正确分析，成为后来党在阶级斗争问题上屡犯扩大化错误的理论根源。

三是提出了"政治思想战线上的社会主义革命"的概念。这一概念是毛泽东在 1957 年 7 月写的《一九五七年夏季的形势》一文中提出来的。他认为，反右派斗争的意义不要估计小了，这是一个在政治战线和思想战线上的伟大的社会主义革命。单有 1956 年在经济战线上（在生产资料所有制上）的社会主义革命是不够的，并且是不巩固的，必须还有一个政治战线上和一个思想战线上的彻底的社会主义革命。这一概念导致了此后"左"的阶级斗争理论和实践的不断升级，直至最后形成"无产阶级专政下继续革命"的理论和出现"文化大革命"的政治大动乱。

3. "大跃进"和人民公社化运动的失误及纠正"左"倾错误中的曲折

反右派斗争之后，党中央认为经济战线和思想战线上的社会主义革命已经取得伟大胜利，人民群众的热情高涨，经济建设可以搞得更快一些。1957 年 9～10 月间召开的八届三中全会在批评 1956 年反冒进的同时，改变了八大一次会议确认的在经济建设上既反保守又反冒进的方针。全会决定在农村开展关于农业生产建设的大辩论。以推动农业的迅速发展。这年冬季，全国范围掀起以兴修水利为中心的冬季农业生产高潮，实际上拉开了"大跃进"运动的序幕。

1958 年 5 月召开的八大二次会议，正式提出"鼓足干劲、力争上游、多快好省地建设社会主义"的总路线。八大二次会议后，"大跃进"运动在全国范围内从各方面开展起来，主要标志是片面追求工农业生产和建设的高速度，不断地大幅度地提高和修改计划指标。农业提出"以粮为纲"的口号，要求五年、三年以至一两年达到十二年农业发展纲要规定的粮食产量指标。工业提出"以钢为纲"的口号，要求七年、五年以至三年内提前实现原定的十五年钢产量赶上或者超过英国

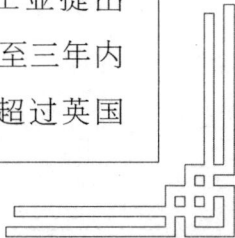

的目标。高指标带来高估产。1958年夏收期间，各地兴起一阵虚报高产、竞放高产"卫星"的浪潮，报刊舆论大加鼓吹。

生产发展上的高指标和浮夸风，推动着在生产关系方面急于向所谓更高级的形式过渡，主观地认为农业合作社的规模越大，公有化程度越高，就越能促进生产。

1958年8月，中央政治局在北城河召开扩大会议，作出《关于在农村建立人民公社问题的决议》。认为这是"指导农民加速社会主义建设，提前建成社会主义并迈步过渡到共产主义所必须采取的基本方针"。这次会议把"大跃进"和人民公社化运动迅速推向高潮。以高指标、瞎指挥、浮夸风和"共产"风为主要标志的"左"的错误，严重泛滥开来。

历时3年的"大跃进"运动把整个国民经济搞乱了。1960年，日益严峻的经济形势突兀地暴露出来了。农业总产值大幅度下降，粮食产量只有2870亿斤，相当于新中国成立第二年的产量。一些地方开始出现缺粮的情况，最严重的地区，恰是大跃进中大放"卫星"的河南、河北、山东等地。国家出现巨额财政赤字，为了弥补赤字情况，大量的货币投放市场，1960年的投放量是96

亿元，通货膨胀率居高不下。在这种高通货膨胀的巨大压力下，人民购买力急剧下降，1960年城市人口人均消费量下降了78％。

　　受到严重困难的教训，全党和中央逐步清醒过来，决心认真调查研究，纠正错误，调整政策，在战胜困难中进一步探索。1961年1月，八届九中全会决定对国民经济实行"调整、巩固、充实、提高"的八字方针。这是党为战胜国民经济的严重困难的重大战略决策，对于纠正经济工作中的"左"倾错误起了重要作用。

　　1962年1月11日至2月7日，中共中央在北京召开扩大的工作会议，即"七千人大会"，毛泽东对几年来党的工作中出现的错误进行了坦诚的检讨。毛泽东说："在社会主义建设上，我们还有很大的盲目性。社会主义经济，对于我们来说，还有许多未被认识的必然王国。拿我来说，经济建设工作中间的许多问题，还不懂得。工业、商业，我就不大懂，对于农业，我懂得一点。"但是，"我注意得较多的是制度方面的问题，生产关系方面的问题。至于生产力方面，我的知识很少"。会后对国民经济进一步大刀阔斧地调整，到1962年年底，国民经济形势开始好转。农业生产开始回升。国家财政实现收支平衡。

尽管国民经济的调整工作取得了巨大成就，但是从总的指导思想上来看，"左"倾错误并没有什么纠正，而在政治和意识形态领域，"左"的错误不仅没有得到纠正，相反还恶性地发展起来。

1962 年 7 月 25 日至 8 月 24 日，毛泽东在北戴河主持召开的中共中央工作会议和 8 月 26 日至 9 月 27 日召开的八届十中全会上重新提出了社会主义社会阶级斗争的问题。

为了反修防修，1963 年 2 月毛泽东号召在农村中开展"四清"运动、在城市开展"五反"斗争。与八届十中全会提出的阶级斗争"年年讲、月月讲、天天讲"相呼应，毛泽东又强调"阶级从争，一抓就灵"。以"四清"、"五反"为主要内容，城乡社会主义教育运动以群众运动的形式开展起来。1964 年 12 月 15 日至 28 日，中央政治局召开了全国工作会议。这次会议，在毛泽东的主持下制定了《农村社会主义教育运动中目前提出的一些问题》（即二十三条），提出了关于社教运动的性质与方向问题，即运动性质是解决社会主义和资本主义的矛盾，运动的重点是整党内那些走资本主义道路的"当权派"。这种思想直接酝酿成为长达十年的"文化大革命"。

二、毛泽东思想活的灵魂

（一）实事求是——毛泽东思想的精髓

关于实事求是的含义，在内涵上，毛泽东把马克思主义唯物论、辩证法、认识论融为一体，科学地说明了主观与客观、意识与存在、认识与实践、理论与实际可以统一、必须统一和如何统一的问题。他在《改造我们的学习》一文中说："'实事'就是客观存在的一切事物，'是'就是客观事物的内部联系，即规律性，'求'就是我们去研究。我们要从国内外、省内外、县内外、区内

外的实际情况出发，从中引出其固有的而不是臆造的规律性，即找出周围事物的内部联系，作为我们行动的向导。"在外延上，他超越了前人视为做学问方法的狭隘范围，把马列主义普遍真理与中国革命实践相结合，引申到党的思想路线、思想原则、思想方法、思想作风、领导者决策方法、工作方法、工作作风、工作态度，引申到革命和建设等方面，引申到政治、经济、文艺、军事、外交等领域。

从毛泽东所作的"实事求是"的解释可以清楚地看出，他是在说人们对客观事物的内在联系即规律性的认识问题。就是说，他认为人有认识世界的能力，这种能力，不仅包括感性认识的能力，而且包括理性认识的能力。人们的知识，人们的正确思想，不是从天上掉下来的，也不是人们的头脑中所固有的，而是凭借人的认识能力，通过实践的途径，从客观世界中获得的，是客观事物在人们头脑中的反映。

毛泽东关于"实事求是"的理论有以下几个方面的基本内容。

1. 一切从实际出发

从实际出发是实事求是的基础。毛泽东认为，从实际出发就是从客观存在的具体事物出发，就是"求实"，这是获得正确认识、达到主观与客观统一的基础和出发点。他说："我们是马克思主义者，马克思主义叫我们看问题不要从抽象的定义出发，而要从客观存在的事实出发，从分析这些事实中找出方针、政策和办法来。"毛泽东指出："按照实际情况决定工作方针，这是一切共产党员所必须牢记的最基本的工作方法。"毛泽东在《反对本本主义》一文中指出："共产党的正确而不动摇的斗争策略，决不是少数人坐在房子里能够产生的，它是要在群众的斗争过程中才能产生的，这就是说要在实际经验中才能产生。因此，我们需要时时了解社会情况，时时进行实际调查。"

2. 理论联系实际

理论联系实际是实事求是的基本原则。毛泽东认为，理论联系实际是"实事求是"的基本要求，他说："马克思主义的普遍真理一定要同中国革命的具体实践相结合，如果不结合，那就不行。这就是说，理论与实践要统一。理论与实践的统一，是马克思主义的一个最基本的原则。"毛泽东在《改造我们的学习》一文中说："这种态度，就是有的放矢的态度。'的'就是中国革命，'矢'

就是马克思列宁主义。我们中国共产党人所以要找这根'矢',就是为了要射中国革命和东方革命这个'的'的。这种态度,就是实事求是的态度。"

3. 深入调查研究

深入调查研究是"实事求是"的中心环节。要做到从实际出发,理论联系实际,首先必须了解实际情况、掌握各种信息,做到心中有"数",其途径就是进行调查和研究。调查研究是"求是"的核心环节。所以毛泽东十分强调调查研究的重要性。他说:"你对那个问题不能解决么?那么,你就去调查那个问题的现状和它的历史吧!你完完全全调查明白了,你对那个问题就有解决办法了。一切结论产生于调查情况的末尾,而不是在它的先头。只有蠢人,才是他一个人,或者邀集一堆人,不作调查,而只是冥思苦索地'想办法'、'打主意',须知这是一定不能想出什么好办法,打出什么好主意的。"

4. 具体情况具体分析

具体情况具体分析是"实事求是"的精髓。列宁曾经说过:马克思主义的最本质的东西,马克思主义的活的灵魂，就是具体地分析具体的情况。毛泽东的高明之处，就在于他深得马克思主义的这一精华，并贯彻于革命实践活动之中。所谓具体情况具体分析，就是对事物内部矛盾特殊性的分析。

以认识中国革命战争为例，毛泽东在分析了战争的特殊性、革命战争比一般战争的特殊性之后说："中国革命战争——不论是国内战争或是民族战争，是在中国的特殊环境之内进行的，比较一般的战争，一般的革命战争，又有它的特殊的情形和特殊的性质。因此，在一般战争和一般革命战争的规律之外，又有它的一些特殊的规律。如果不懂得这些，就不能在中国革命战争中打胜仗。"毛泽东在《矛盾论》的后面进一步明确指出："不同质的矛盾，只有用不同质的方法才能解决。"

5. 按客观规律办事

按客观规律办事是实事求是的根本目的。毛泽东指出，马克思主义哲学的任务，不仅是为了解释世界，更在于运用所认识的规律能动地改造世界。而改造世界就必须防止和克服主观主义，按客观规律办事。他说："不论做什么事，不懂得

那件事的情形，它的性质，它和它以外的事情的关联，就不知道那件事的规律，就不知道如何去做，就不能做好那件事。""中国古代大军事学家孙武书上，'知彼知己，百战不殆'这句话，是包括学习和使用两个阶段而说的，包括从认识客观实际中的发展规律，并按照这些规律去决定自己行动，克服当前敌人而说的，我们不要看轻这句话。"

6. 以实践作为检验真理的标准

以实践作为检验真理的标准是实事求是的重要特征。毛泽东认为，一切符合实事求是原则的认识和行为，应该是经得起实践考验的行为，所以他主张必须以实践作为检验真理的标准。他说："判定认识或理论之是否真理，不是依主观上觉得如何而定，而是依客观上社会实践的结果如何而定。真理的标准只能是社会实践。""马克思列宁主义之所以被称为真理，也不但在于马克思、恩格斯、列宁、斯大林等人科学地构成这些学说的时候，而且在于为尔后革命的阶级斗争和民族斗争的实践所证实的时候。"

7. 开拓创新

开拓创新是"实事求是"的内在要求。毛泽东认为客观事物是在不断发展的，不能停止在一个水平上，必须在实践活动中有所开拓，有所创新。在谈到解放思想时他说："要多想，不要死背经典著作，而要开动脑筋，使思想活泼起来。"他认为理论必须发展，必须不断写出新著作。他说："马克思这些老祖宗的书，必须读，他们的基本原理必须遵守，这是第一。但是，任何国家的共产党，任何国家的思想界，都要创造新的理论，写出新的著作，产生自己的理论家，来为当前的政治服务，单靠老祖宗是不行的。"

无论是大革命时期陈独秀主观照搬西欧旧民主主义革命的公式和经验，或是土地革命和抗日时期以瞿秋白、李立三、王明等人为代表把马列主义教条化、把共产国际的决议、指示和苏联经验神圣化，就他们的思想根源而言，都是主观主义所致。与上述主观主义思想路线相反，毛泽东不是照抄照搬马克思主义个别结论、共产国际的决议指示或俄国革命的经验，而是在马列主义的指导下，一切从中国革命和建设的实际出发，具体情况具体分析，实行了一条将马克思主义普遍

真理与中国革命具体实践相结合的实事求是的思想路线。但是，毛泽东提出并坚持的马克思主义的实事求是的思想路线，直到被全党大多数同志所认识和接受，经历了一个长期的斗争过程。

20 世纪 30 年代初期，处在中央领导地位的王明"左"倾冒险主义者，不坚持实事求是，随心所欲，结果到处碰壁，使中国革命力量遭到惨重的损失。血的教训，使全党同志逐步清醒，终于在遵义会议上，确立了毛泽东同志在全党的领导地位，使中国革命经过无数的曲折踏上了正确的道路，迅速开创了抗日战争的新局面。

在社会主义革命和社会主义建设的历史过程中，毛泽东仍遵循实事求是的马克思列宁主义思想路线，领导我们继续前进。在新中国成立以后短短几年中，就医治好了长期战争留下的创伤，使国民经济得到较快的恢复，胜利地完成了对农业、手工业和资本主义工商业的社会主义改造，全面地建立了社会主义经济关系，在社会主义建设中取得了巨大的胜利。这些胜利的取得，是由于以毛泽东为首的中国共产党人的决策符合我国的国情，并具有中国的特色。也就是说，符合实事求是的思想路线。

但是到了晚期，毛泽东也犯了严重的主观唯

心主义的错误，导致党内形成了一条唯心主义的思想路线，其结果造成了十年大动乱，国民经济滑到了全面崩溃的边缘。直到党的十一届三中全会以后，由于邓小平坚持实事求是思想路线，拨乱反正，制定和实施了以"一个中心、两个基本点"为内容的社会主义初级阶段的党的基本路线，才使中国重新回到了正确的发展道路上来。中国共产党八十年来正反两方面的经验和教训充分证明，"实事求是"路线是中国共产党唯一正确的思想路线。

（二）群众路线
——党的根本的领导方法和工作方法

刘少奇在论及毛泽东的群众路线内容时指出："毛泽东同志的群众路线，就是要使我们党与人民群众建立正确关系的路线，就是要使我们党用正确的态度与正确的方法去领导人民群众的路线，就是要使我们党的领导机关和领导人与被领导的群众建立正确关系的路线。"具体讲，群众路线包括两方面的内容：一是一切为了群众，一切依靠

群众的群众观点。它是党的一切活动的出发点和归宿。二是从群众中来，到群众中去的工作方法和领导方法。前者丰富了马克思主义历史唯物主义关于人民群众是历史的创造者的理论，后者发展了马克思主义辩证唯物主义认识论。

毛泽东运用马克思主义关于人民群众创造历史的原理分析中国革命的具体实践，创造性地提出群众观点的科学概念，系统地论述了群众观点的基本内容。

第一，全心全意为人民服务的观点。他说，"全心全意地为人民服务，一刻也不脱离群众，一切从人民的利益出发，而不是从个人或小集团的利益出发"，"这些就是我们的出发点"。党要处处想到群众，为群众打算，把群众利益放在第一位。共产党人的一切言论行动，必须以合乎最广大人民群众的最大利益，为最广大人民群众所拥护为最高标准。必须自觉地把个人利益和群众利益统一起来，当个人利益与人民群众利益发生矛盾时，毫不犹豫地服从群众利益，甚至为了人民群众的利益而牺牲自己的个人的一切。

第二，一切向群众负责的观点。中国共产党的一切工作都是为人民谋利益，这就必须对人民负责。毛泽东指出："我们的责任，是向人民负责。每句话，每个行动，每项政策，都要适合人民的利益，如果有了错误，定要改正，这就叫向人民负责。"向人民负责，党就要以广大人民群众的最大利益为出发点，忠实地为人民群众办事。向人民负责，党所制定的路线、方针和政策都应当是正确的。为此，就必须坚持马克思列宁主义的基本原理同中国革命具体实践相结合的原则，加强调查研究，从实际出发。

第三，相信人民群众自己解放自己的观点。人民群众必须自己解放自己的思想，马克思和列宁都提出过，但是把它作为群众观点的理论体系中一个基本观点，加以展开的论述，是毛泽东的新贡献。毛泽东反复指出：人民群众是伟大的，人民群众的创造力是无穷无尽的，要尊重群众的首创精神。要做到一切为了群众，一切向人民负责，就必须一切依靠群众，相信群众的力量。没有人民群众的真正自觉与真正发动，人民的解放是不可能的，党的事业将一事无成。毛泽东指出："事业是多数人做的，少数人的作用是有限的。应当承认少数人的作用，就是领导者、干部的作用，但是，没有什么了不起的作用，有了不起的作用的还是群众。"

第四，向人民群众学习的观点。毛泽东经常

告诫全党同志，应当虚心向群众学习，甘当群众小学生。因为人民群众的知识、人民群众的经验是最丰富的，最实际的。"'三个臭皮匠，合成一个诸葛亮'，这就是说群众有伟大的创造力。中国人民中间，实在有成千成万的'诸葛亮'，每个乡村，每个市镇，都有那里的'诸葛亮'。"毛泽东是最善于向群众学习的。1941 年他在回忆第一次大革命时期和土地革命战争时期在湖南和井冈山等地进行调查时说，那时找的是各级干部、农民、秀才、狱吏、商人和钱粮师爷开调查会，这些人是我的可敬的先生，他们都给了我很多闻所未闻的知识。我给他们当学生是必须恭谨勤劳和采取同志态度的，否则他们就不理我，知而不言，言而不尽。

另外，毛泽东把马克思主义的辩证唯物主义和历史唯物主义的基本原理创造性地、系统地运用于党的全部活动，形成了党在工作中的群众路线的方法，即"从群众中来，到群众中去"的工作方法和领导工作方法。

"从群众中来"，就是集中群众的智慧和经验，集中群众的愿望和要求，以制定党的正确的方针、政策和办法。毛泽东指出："我们的领导机关，就制定路线、方针、政策和办法这一方面说来，只是一个加工工厂。"领导者的头脑，只起一个加工厂的作用，其原料或半成品只能来自人民群众的实践。领导机关提出的方针、政策、办法和计划是否正确，只有在广大人民群众的实践中才能得到检验。于是，产生了"到群众中去"的过程。"到群众中去"，一是向群众宣传党的方针、政策，让群众掌握，变为群众的行动；二是检验和进一步完善党制定的方针、政策。在"到群众中去"执行和检验党的方针和政策的过程中，如果方针和政策正确，受到群众拥护，给群众带来利益，就要坚持下去；如果证明方针和政策有错误，给群众造成危害，遭到群众反对，就应当修正政策；如果在执行中发现偏差，则应当及时纠正。

从群众中来到群众中去的过程，就是从实践中来，到实践中去的过程；就是从感性认识到理性认识，又从理性认识到革命实践的过程；也就是从个别到一般，又从一般到个别的过程。毛泽东不仅系统地阐述了从群众中来，到群众中去的群众路线的工作方法和领导方法，而且第一次把辩证唯物主义反映论、辩证法的个别与一般的原理和历史唯物主义的群众观点有机地结合起来，把"实践—认识—实践"、"个别——般—个别"、"群众—领导—群众"三者统一起来，把党的路

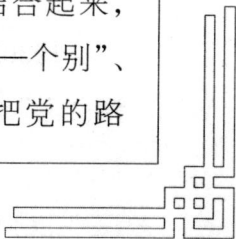

线、方针和政策同人民群众的社会实践紧密结合起来，丰富和发展了辩证唯物主义认识论，这是对马克思主义哲学的一个重要贡献。

（三）独立自主
——中国革命和建设的根本方针

独立自主，自力更生，是以毛泽东为代表的中国共产党人依据马克思主义基本原理，在长期革命斗争中形成的正确处理党际关系、国际关系，争取革命和建设事业取得胜利的一项重要原则。是中国共产党人集体智慧的结晶——毛泽东思想的活的灵魂之一。在独立自主、自力更生原则指引下，我们不仅取得了民主革命的伟大胜利，而且在社会主义建设方面也取得了举世瞩目的重大成就。

1. 独立自主、自力更生在中国革命和建设过程中的实践和发展

1930 年 5 月，毛泽东提出反对本本主义，批评"左"倾教条主义，首次提出马克思主义"必

须同我国的实际情况相结合"的原则，批评以为"党的第六次全国代表大会的'本本'保障了永久的胜利"的错误思想。他大声疾呼，"没有调查，就没有发言权"，"中国革命斗争的胜利要靠中国同志了解中国情况"。号召共产党人要树立从斗争中创造新局面的思想路线，反对一切依赖本本的保守路线。这是毛泽东自力更生思想的早期提法，也是独立自主探索中国革命道路的一个重要标志。

1935 年 12 月末，毛泽东在讲到中国革命和世界革命的相互关系时首次使用了"自力更生"的提法。他说："我们中华民族有同自己的敌人血战到底的气概，有在自力更生的基础上光复旧物的决心，有自立于世界民族之林的能力。但是这不是说我们可以不需要国际援助。""我们的抗日战争需要国际人民的援助"，"这是中国抗日战争和中国革命取得胜利的一个必要条件"。这是自力更生为主，争取外援为辅思想的较早表述。

抗日战争爆发后，毛泽东在《矛盾论》中阐述的事物发展的根本原因在于事物内部的矛盾性，内因是根本原因、外因是第二位原因、外因通过内因起作用等原理，为独立自主、自力更生思想提供了哲学依据。

1938 年 10 月，毛泽东明确提出"自力更生

为主"。他在六届六中全会的报告中，在作抗战十五个月的总结时说，"主要依靠外援的思想，是速胜思想之一种，我们必须以自力更生为主"，"十五个月经验证明，只有主要依靠自力更生，同时不放松外援之争取，才是正确的道路"。号召"高度的发扬民族自尊心与自信心，坚持抗战到底"。

抗日战争中期，毛泽东将自力更生原则应用到根据地经济建设方面，开展了军民大生产运动，克服了严重的物质困难，巩固和发展了抗日根据地，为夺取抗日战争胜利奠定了基础。1939 年 2 月 2 日，中共中央在延安召开生产动员大会，毛泽东号召"自己动手，自力更生，艰苦奋斗，克服困难"。1945 年年初，毛泽东在动员大家学会做经济工作时说："我们不能学国民党那样，自己不动手专靠外国人，连棉布这样的日用品也要依赖外国。我们是主张自力更生的。我们希望有外援，但是我们不能依赖它，我们依靠自己的努力，依靠全体军民的创造力。"用军民两方同时发动大规模生产运动的办法去打击日本侵略者，准备攻入城市，收复失地。中国靠我们来建设，我们必须努力学会做经济工作。这是毛泽东明确将自力更生为主，争取外援为辅思想应用到经济建设中的早期表述。

抗日战争胜利后，毛泽东又将自力更生扩展为打败反动派的工作方针。他说："我们的方针要放在什么基点上？放在自己力量的基点上，叫做自力更生。我们并不孤立，全世界一切反对帝国主义的国家和人民都是我们的朋友。但是我们强调自力更生，我们能够依靠自己组织的力量，打败一切中外反动派。"至此，毛泽东关于自力更生思想的发展和阐述已经比较全面了。

毛泽东独立自主、自力更生思想发展成熟的另一个重要标志是能够正确处理中国共产党同共产国际的关系。其集中表现则是中共中央1943年发表的关于解散共产国际的决定。

1943年5月15日，共产国际执委主席团拟定关于解散共产国际的提议书。中共中央于5月26日发表的《关于共产国际执委主席团提议解散共产国际的决定》说：完全同意关于解散共产国际的提议。自即日起，解除对于共产国际的章程和历次大会决议所规定的各种义务。该决定在列举了共产国际的历史作用和对中国革命的帮助之后特别强调说："自1935年8月共产国际第七次代表大会决定不干涉各国共产党组织事宜之后，共产国际执行委员会及其主席团即遵照此种决定，没有干涉中国共产党的组织事宜。""中国共产党

所创造的各种革命力量"，"完全是中国共产党赤手空拳，不假借任何外力而独立创造起来的"。

5月26日晚，毛泽东在延安干部大会的报告中，进一步指出："共产国际的解散，不是为了减弱各国共产党，而是为了加强各国共产党，使各国共产党更加民族化。""现在共产国际没有了，这就增加我们的责任心"，"就要发挥共产党人的创造力"。

中共中央的决定、毛泽东等人的讲话，把中国共产党同共产国际的关系说得客观公正。更重要的是表明了中国共产党人很久以来就已能够完全独立地决定自己的问题，今后将更负责地、更独立地解决中国革命问题。此后，中国共产党再也没有参加类似共产国际的组织。中国共产党终于在政治上、组织上实现了完全的独立自主，进一步体现了自力更生的精神。

2. 独立自主、自力更生是中国革命和建设经验的总结

第一，毛泽东提出的独立自主、自力更生方针，是既依据了马克思主义基本原理，又根据中国国情用通俗的民族的语言而简要概括出来的一个指导革命和建设的根本方针。

独立自主、自力更生思想依据了马克思主义哲学关于人民群众创造历史和事物发展变化根本原因在于其内部的矛盾性的原理；关于无产阶级政党必须在革命斗争中，在统一战线中坚持独立自主的立场；关于殖民地半殖民地国家的无产阶级政党首先要争取本民族的独立解放，关于无产阶级国际主义要和爱国主义结合问题；关于革命斗争主要要依靠本国人民的奋斗，靠从本国情况出发找到自己革命道路等思想。毛泽东根据中国情况，用传统文化通俗的民族语言概括为"独立自主，自力更生"八个字，却包含了极其丰富的内容，表达了中国共产党人高度的爱国主义精神、民族自尊心和自信心。

第二，独立自主、自力更生方针是在中国革命和建设过程中，不断总结经验教训，逐步发展为独立自主地找到中国革命和建设的独特道路，终于依靠自己的力量取得了新民主主义革命的胜利，社会主义现代化建设也取得了举世瞩目的成就，并开创了建设有中国特色社会主义的道路。

独立自主、自力更生方针是在同国际国内各种错误思潮斗争中形成和发展的，付出艰巨代价换来的宝贵经验。民主革命时期，"左"倾教条主义者，受共产国际影响，盲目照搬外国经验，一

度使中国革命几乎走入绝境。毛泽东等人独立探索中国革命道路，结束了中国半殖民地半封建社会的历史，实现了国家和民族的独立。中国共产党执政以后，即使20世纪50年代"一边倒"，列入社会主义阵营时期，我们也没有忘记继续贯彻独立自主、自力更生方针，没有依附于别人。中国共产党人，中国的社会主义制度在近年来世界风云急剧变幻中，能经受住严峻考验屹立于东方，因素是多方面的。但我们长期坚持的独立自主、自力更生方针，无疑是重要的决定因素之一。

第三，独立自主、自力更生是中国革命和建设成功的根本经验之一。

中国革命和建设的曲折历程表明：中国共产党是依靠人民群众为争取中华民族独立和维护独立自主而斗争的领导者、组织者、急先锋。什么时候能够坚持毛泽东倡导的独立自主、自力更生的正确方针，中国革命和建设事业就蓬勃发展，反之，就会遭到挫折和失败。中国共产党依靠自己的力量，探索出有中国特色的革命和建设道路，并取得伟大胜利的实践表明，以毛泽东为代表的中国共产党人是坚定的爱国主义者。

三、毛泽东思想的
历史地位和当代价值

（一）毛泽东思想是马克思主义中国化的
第一次历史性飞跃的理论成果

1981 年中共十一届六中全会通过的《关于建国以来党的若干历史问题的决议》指出："毛泽东同志是伟大的马克思主义者，是伟大的无产阶级革命家、战略家和理论家。他虽然在'文化大革命'中犯了严重的错误，但是就他的一生来看，他对中国革命的功绩远远大于他的过失。他的功绩是第一位的，错误是第二位的。他为我们党和

中国人民解放军的创立和发展，为全国各族人民解放事业的胜利，为中华人民共和国的缔造和我国社会主义事业的发展，建立了永远不可磨灭的功勋。他为世界被压迫民族的解放和人类进步事业做出了重大贡献。"

1997年中共十五大报告指出：一个世纪以来，中国人民在前进道路上经历了三次历史性的巨变，产生了三位站在时代前列的伟大人物：孙中山、毛泽东和邓小平。毛泽东最伟大的功绩，是把马克思列宁主义原理同中国革命的实际结合起来，开辟了中国夺取革命胜利的道路，创立了中国化的马克思主义，即毛泽东思想，为中国革命提供了以马克思列宁主义为理论基础的科学的指导思想，为中国革命和建设开辟了将马克思列宁主义与本国实际相结合的科学轨道。这是毛泽东留给中国共产党人的最为宝贵的思想遗产。

毛泽东思想是马克思列宁主义同中国实际相结合的第一次历史性飞跃的理论成果。马克思列宁主义同中国实际相结合有两次历史性飞跃，产生了两大理论成果。对此，江泽民在党的十五大报告中明确指出："第一次飞跃的理论成果是被实践证明了的关于中国革命和建设的正确的理论原则和经验总结，它的主要创立者是毛泽东，我们党把它称为毛泽东思想。"这是对毛泽东思想历史地位的新的科学的界定。

具体来说，毛泽东思想的历史地位和伟大作用主要表现在以下四方面：

第一，毛泽东思想是夺取中国革命胜利的理论武器。马克思主义与中国实际相结合的第一次历史性飞跃，是在中国革命过程中实现的。以毛泽东为代表的中国共产党人，在科学分析中国国情和阶级力量对比的基础上，正确地解决了有关中国革命的一系列基本问题，从而指明了中国革命胜利发展的道路。正是在毛泽东思想指导下，中国共产党领导中国人民取得了人民革命的伟大胜利。同样，社会主义革命的理论，也是毛泽东思想的重要组成部分，在毛泽东思想指导下，中国共产党创造性地开辟了一条具备中同特色的社会主义改造道路，还创造了在剧烈的社会变革中保持经济迅速增长的经验。

第二，毛泽东思想是社会主义中国立国建国、坚持社会主义道路的思想政治基础。在毛泽东关于人民民主专政理论的指导下建立的人民代表大会制度、共产党领导的多党合作和政治协商制度、民族区域自治制度等，是社会主义中国的基本政治制度。它们与毛泽东亲自领导下建立的以生产

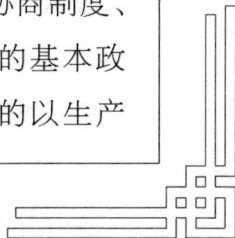

资料公有制为主体的社会主义经济制度一起，构成了社会主义中国的基本制度。实践证明，社会主义制度是个好制度，应当在实践中坚持并加以完善。

第三，毛泽东思想是中华民族团结和振兴的精神支柱。毛泽东思想的形成、发展并指导中国革命不断取得胜利的过程，也是激励和形成中国革命精神的过程。毛泽东所倡导的全心全意为人民服务和以集体主义为核心的讲求奉献的人生观、价值观，所提倡的理论联系实际、密切联系群众和批评与自我批评的作风，所培育的独立自主、自力更生、艰苦奋斗、勤俭建国的精神等，激励了几代中国人民，成为中国人民团结一致、振兴中华的强大精神支柱和动力。

第四，毛泽东思想是对马列主义的丰富和发展，是马克思主义发展史上承上启下、继往开来的重要阶段。马克思主义是关于无产阶级解放斗争的科学理论，其基本原则对世界各国是普遍适用的。但是，它毕竟产生于资本主义比较发达、现代生产力比较发达的欧洲，对于指导东方国家的革命及其发展是不够的。列宁主义指导下的俄国十月革命，为东方落后国家开辟了一条通向社会主义的道路。但是，从严格意义上说，俄国仍然是西方资本主义的一个历史环节，它同亚非拉广大的殖民地半殖民地国家和民族并无共同的发展经历和历史命运。在毛泽东思想指导下取得的中国革命胜利发生在半殖民地半封建的经济落后的东方大国，它成功地实现了马克思主义与中国实际的结合，对亚非拉广大被压迫民族产生了巨大而深远的影响。它的正确经验上升为理论，丰富和发展了马列主义，而且孕育和启迪了邓小平理论的产生，成为马克思主义发展史上一个承上启下、继往开来的重要阶段。可见，毛泽东思想在中国马克思主义传播发展史上，也在世界社会主义历史上有着极为重要的历史地位。

（二）毛泽东思想是指导中国革命和建设的指导思想和宝贵财富

毛泽东思想作为马克思主义普遍原理与中国实践相结合的产物，作为马克思主义在中国的丰富和发展，作为中国化的马克思主义，对于中国革命和建设事业，对于中华民族的命运，对于中国历史的进程，影响巨大，意义深远。

1978 年 12 月，邓小平曾经这样评价毛泽东的历史功绩："如果没有毛泽东同志的卓越领导，中国革命有极大的可能到现在还没有胜利，那样，中国各族人民就还处在帝国主义、封建主义、官僚资本主义的反动统治之下，我们党就还在黑暗中苦斗。所以说没有毛主席就没有新中国，这丝毫不是什么夸张。"他强调，"我们能够取得现在这样的成就，那是同中国共产党的领导、同毛泽东同志的领导分不开的"。

胡锦涛在纪念毛泽东诞辰 110 周年的讲话中指出："毛泽东同志是伟大的马克思主义者，伟大的无产阶级革命家、战略家和理论家，是近代以来中国伟大的爱国者和民族英雄，是领导中国人民彻底改变自己命运和国家面貌的一代伟人。他单年投身革命，在长期艰苦的革命斗争中成长为党的第一代中央领导集体的核心。他为中国新民主主义革命的胜利、社会主义革命的成功和社会主义建设的进行，为实现中华民族的独立和振兴、中国人民的解放和幸福，作出了彪炳史册的贡献。毛泽东同志毕生最突出最伟大的贡献，就是领导我们党和人民找到了新民主主义革命的正确道路，完成了反帝反封建的任务，建立了中华人民共和国，确立了社会主义基本制度，并从中国实际出发探索社会主义建设的道路，为古老的中国赶上时代发展潮流、阔步走向繁荣昌盛创造了根本前提，奠定了坚实的理论和实践基础。"

中国革命从大革命的失败到土地革命战争的兴起，从第五次反"围剿"的失败到抗日战争的兴起，两次失败和两次胜利的历史经验充分显示出：毛泽东思想是被中国革命实践检验所证明了的正确理论原则。在大革命失败后共产党人陷入白色恐怖的紧要关头，正是在毛泽东创立的"农村包围城市道路理论"的指引下，才开辟了井冈山等农村革命根据地，有了星星之火的燎原之势，开始了土地革命；在毛泽东正确的军事战略战术思想指导下，才有了四次反"围剿"的胜利，取得以少胜多、以弱胜强的军事奇迹，保卫了根据地和红色政权。而第五次反"围剿"的失败是由于执行了"左"倾路线，违背了毛泽东思想的正确理论原则和军事战略战术，使党的事业遭受了重大损失。正是由于遵义会议确立了毛泽东的领导核心地位，形成了以毛泽东为核心的第一代马克思主义的中央领导集体，才实现了党的历史上的伟大转折，挽救了全党，挽救了中国革命。

随着抗日战争的兴起，在毛泽东思想的指引下，中国共产党积极倡导建立了以国共合作为基

础的抗日民族统一战线，坚持独立自主的原则，争取对统一战线和民族解放战争的领导权，制定统一战线的策略总方针和斗争原则，坚持又团结又斗争、以斗争求团结的政策，克服国民党顽固派的投降、分裂和倒退，巩固抗日民族统一战线；正是在毛泽东思想的指引下，党领导下的军队和人民武装才能在抗战中坚持全面抗战路线，坚持持久战方针和人民战争的军事路线，开展敌后游击战争并把它上升到战略地位，开辟了大面积的抗日民主根据地，使日本侵略军陷入人民战争的汪洋大海；正是在毛泽东思想的指引下，中国共产党在抗日战争的战火中才能发展壮大为一个全国范围的、思想上政治上组织上巩固的马克思主义政党，形成了以毛泽东为核心的坚强的中央领导集体，以巨大的感召力、凝聚力、影响力成为团结全国各民主党派和民主力量的坚强领导核心，成为夺取抗战胜利的中流砥柱。在党的七大高举的毛泽东思想伟大旗帜的指引下，我党最终打败了日本侵略者，又经过人民解放战争迅速打败了国民党反动派，推翻了长期压在中国人民身上的"三座大山"，建立了新中国，实现了民族独立和人民解放。

新中国成立后，在毛泽东思想的指引下，我

党制定并执行了"一化三改"的过渡时期总路线，1956 年基本完成生产资料私有制的社会主义改造，确立了社会主义制度，使中国社会发生了深刻变化，由一个半殖民地半封建社会经暂短的新民主主义过渡到社会主义。随着社会主义建设在探索中曲折发展，积贫积弱的农业大国转变为一个拥有比较完整的工业体系和国民经济体系的独立的社会主义国家，为开辟中国特色社会主义道路奠定了物质基础。

（三）毛泽东思想是中国特色社会主义理论体系的思想渊源和先导

从历史的角度看，中国共产党人对中国特色社会主义的探索是在经历了长达 20 年的艰辛努力，才最终找到的一条具有中国特色的社会主义建设之路。

从理论和实践渊源来讲，建设中国特色社会主义的思想最早可以追溯到 20 世纪 50 年代中期。从 1955 年年底毛泽东在党内发出"以苏联为鉴戒"，探索适合中国情况的社会主义建设道路的号

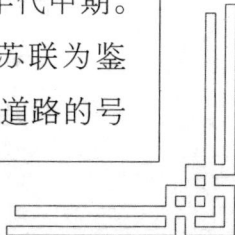

召，到 1956 年 4 月发表《论十大关系》的讲话，再到中共八大的召开和 1957 年 2 月毛泽东《关于正确处理人民内部矛盾的问题》的讲话，毛泽东多次阐发了走自己的路，独立自主地建设社会主义的思想，并在实践中探索和提出了许多有关中国特色社会主义建设的基本思想观点。当然，由于种种主客观原因，这些宝贵思想有许多并未在实践中坚持下去。

但是，毛泽东的这些思想，无论是在思想方法上，还是理论观点上都给予邓小平以极大的启示。改革开放的新时期到来后，在中国社会主义发展道路问题上，邓小平继承并发展了毛泽东的思想，明确提出了"走自己的道路，建设有中国特色的社会主义"的命题，从而深化了社会主义建设的理论和认识。

党的十七大报告提出的"中国特色社会主义理论体系"这一新概念，虽然在内容上不包含毛泽东思想，但是，十七大报告深情地回顾并充分地肯定了毛泽东对中国特色社会主义事业的伟大贡献。

十七大报告指出："我们要永远铭记，改革开放伟大事业，是在以毛泽东同志为核心的党的第一代中央领导集体创立毛泽东思想，带领全党全国各族人民建立新中国、取得社会主义革命和建设伟大成就以及艰辛探索社会主义建设规律取得宝贵经验的基础上进行的。新民主主义革命的胜利，社会主义基本制度的建立，为当代中国一切进步发展奠定了根本政治前提和制度基础。"

同时，十七大报告还充分肯定毛泽东思想在中国特色社会主义理论体系形成过程中的重要历史地位。

十七大报告指出：中国特色社会主义理论体系"坚持和发展了马克思列宁主义、毛泽东思想，凝结了几代中国共产党人带领人民不懈探索实践的智慧和心血，是马克思主义中国化最新成果，是党最可宝贵的政治和精神财富，是全国各族人民团结奋斗的共同思想基础"。

可见，十七大把毛泽东思想与马克思列宁主义一起作为中国特色社会主义理论体系的思想来源和中国特色社会主义理论的指导思想，清楚地表明毛泽东思想与中国特色社会主义理论体系之间是源头与活水的关系，也就是说，毛泽东思想是中国特色社会主义理论体系的理论渊源。

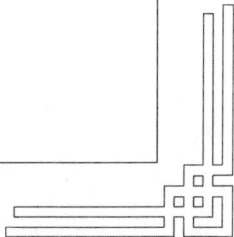

参考文献

［1］范忠程：《青年毛泽东与湖南思想界》，湖南人民出版社，1993 年。

［2］李锐：《早年毛泽东——毛泽东的早期革命活动》，辽宁人民出版社，1993 年。

［3］张华、黄俊平：《伟人的起步》，浙江人民出版社，1994 年。

［4］杨超等：《毛泽东思想史》，四川人民出版社，1995 年。

［5］黄一兵：《地覆天翻——历史巨变与毛泽东》，济南出版社，1998 年。

［6］王献玲等：《伟人的探索：毛泽东的有中国特色的社会主义》，中原农民出版社，2000 年。

［7］何显明：《超越与回归（毛泽东的心路历程)》，学林出版社，2002 年 6 月第一版。

［8］莫志斌：《青年毛泽东思想研究》，湖南师范大学出版社，2003 年 12 月。

［9］田克勤：《马克思主义中国化的理论轨迹》，中央党史出版社，2006 年 4 月。

［10］周利兴：《从毛泽东思想到中国特色社会主义

理论》，云南大学出版社，2009 年 10 月。

　　［11］孙继虎：《中共三代领导核心与马克思主义中国化》，甘肃人民出版社，2011 年。

　　［12］徐崇温：《中国特色社会主义理论体系研究》，重庆出版社，2011 年。

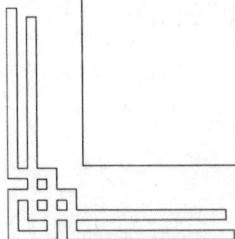

)